Anja Huballah

Sprachförderung und Sprachtherapie in der Schule - neue Perspektiven

Band 4

Kontextoptimierte Förderung im Unterricht

Ausgewählte Praxisbeispiele aus einer zweiten Klasse mit dem Förderschwerpunkt „Sprache"

AF151889

Der GRIN Verlag publiziert seit 1998 wissenschaftliche Arbeiten von Studenten, Hochschullehrern und anderen Akademikern als eBook und gedrucktes Buch. Die Verlagswebsite www.grin.com ist die ideale Plattform zur Veröffentlichung von Hausarbeiten, Abschlussarbeiten, wissenschaftlichen Aufsätzen, Dissertationen und Fachbüchern.

Dokument Nr. V203416 aus dem GRIN Verlagsprogramm

Anja Huballah

Sprachförderung und Sprachtherapie in der Schule - neue Perspektiven

Band 4

Kontextoptimierte Förderung im Unterricht

Ausgewählte Praxisbeispiele aus einer zweiten Klasse mit dem Förderschwerpunkt „Sprache"

GRIN Verlag

1. Auflage 2012
Copyright © 2012 GRIN Verlag GmbH
http://www.grin.com
Druck und Bindung: Books on Demand GmbH, Norderstedt Germany
ISBN 978-3-656-30262-9

3./4./5./6 Schulpraktisches Seminar Friedrichshain-Kreuzberg (L)

Schriftliche Prüfungsarbeit zur Zweiten Staatsprüfung für das
Lehramt an Sonderschulen/Sonderpädagogik

Kontextoptimierte Förderung im Unterricht

- Ausgewählte Praxisbeispiele aus einer zweiten Klasse mit dem
Förderschwerpunkt „Sprache" –

Verfasserin:	Anja Huballah
Ort, Datum:	Berlin, 26.01.2012
	(überarbeitete Version Oktober 2012)

Inhaltsangabe

Einleitung..1

1. Theoretische Grundlagen der Kontextoptimierung

    1.1 Entstehung und Begründung des Konzepts.................................2

    1.2 Ziele kontextoptimierter Förderung

        1.2.1 Zielgruppe..4

        1.2.2 Sprachtherapeutische Ziele...6

    1.3 Prinzipien kontextoptimierter Förderung

        1.3.1 Kick-off..7

        1.3.2 Ursachenorientierung...7

        1.3.3 Ressourcenorientierung...10

        1.3.4 Modalitätenwechsel...11

2. Darstellung der Lerngruppe

    2.1 Allgemeine Lernvoraussetzungen.................................13

    2.2 Grammatische Lernvoraussetzungen.................................15

3. Konsequenzen für den Unterricht

    3.1 Sprachtherapeutische Ziele im Unterricht...........................17

    3.2 Grundsätze der Kontextoptimierung im Unterricht 18

4. Planung, Durchführung und Reflexion der Unterrichtsarbeit

4.1 Tabellarische Übersicht 20

4.2 Exemplarische Fördersequenzen

    4.2.1 Mein Wagen hat vier Räder................................. 25

    4.2.2 Das verliebte „–st" (Kick-off)............................28

4.3 Reflexion...31

5. Gesamtreflexion

5.1 Zusammenfassung und Fazit.................................... 35

5.2 Ausblick..37

6. Quellenangaben

6.1 Literaturangaben...38

6.2 Zeitschriftenartikel..38

7. Anhang

Das Einkaufsspiel – Kick off das „faule Wort"............. 39

Das verliebte –st...40

Die anderen Verliebten...41

Lernen an Stationen..42

Sätze bauen – Es klopft bei Wanja in der Nacht..........43

Schiebekarten..44

Bingo...45

Wer macht was?..46

Gobo lernt unsere Sprache...47

Einleitung

Wie kann sprachtherapeutischer Unterricht[1] umgesetzt bzw. wie kann die Problematik der Vereinbarkeit von Therapie und Unterricht überwunden werden? Seit Jahrzehnten beschäftigt sich die Sprachheilpädagogik mit dieser grundlegenden Frage. Eine mögliche Antwort bietet Hans-Joachim Motsch mit seinem therapie- und unterrichtsdidaktischen Konzept „Kontextoptimierung", dessen Schwerpunkt auf der Förderung grammatischer Kompetenzen liegt. Die Effektivität und Effizienz des didaktischen Ansatzes wird durch mehrere Interventionsstudien in Therapie- und Unterrichtssettings gestützt (vgl. Motsch 2010, S.15ff.). Seiffert schreibt dem Konzept der Kontextoptimierung eine „enorme Attraktivität" zu, da es im Gegensatz zu anderen Didaktiken als erstes Konzept dem Anspruch, Unterricht sprachtherapeutisch zu gestalten und somit Therapie und Unterricht zu verbinden, tatsächlich entsprechen kann (vgl. Seiffert 2008, S.147f.). Auch Reber/Schönauer-Schneider heben die herausragende Stellung des Konzeptes hervor; im Gegensatz zu anderen Ansätzen, die aus der Therapiedidaktik stammen und meist nur unzureichend auf Unterricht übertragbar sind, kann die Kontextoptimierung im Unterricht effektiv eingesetzt werden (vgl. Reber/Schönauer-Schneider 2011, S.11).

Mein Interesse an der Kontextoptimierung wurde durch die in der Literatur genannten Vorzüge sowie durch eine Fortbildung von Margit Berg, die ich im September besuchte, geweckt. Aufgrund dieser Erfahrungen beschloss ich, kontextoptimierte Förderung in meiner Klasse auszuprobieren und zum Thema meiner Prüfungsarbeit zu machen. Zentrale Fragen, die ich mir hierbei stellte, waren: (*Wie*) *kann Kontextoptimierung im Unterricht einer zweiten Klasse eines sonderpädagogischen Förderzentrums mit dem Förderschwerpunkt „Sprache" umgesetzt werden? Welche Möglichkeiten aber auch welche Schwierigkeiten entstehen bei der Anwendung des didaktischen Konzeptes?*

In der vorliegenden Arbeit werden zunächst die theoretischen Grundlagen des Konzeptes herausgearbeitet (Kapitel 1). In Kapitel zwei erfolgt die Darstellung der Lerngruppe, indem die Lernvoraussetzungen dargelegt werden. Die

---

[1] In der Sprachheilpädagogik werden hier unterschiedliche Terminologien benutzt.

Konsequenzen, die sich einerseits aus der Diagnostik konkret für den Unterricht und andererseits allgemein bezogen auf das Setting „Unterricht" ergeben, werden in Kapitel drei erörtert. Die Planung und Durchführung kontextoptimierter Förderung im Unterricht wird in Kapitel vier in einer Übersicht skizziert, sowie an zwei exemplarischen Fördersequenzen didaktisch kommentiert. Anschließend wird die Unterrichtsarbeit insgesamt reflektiert. Schließlich soll in Kapitel fünf die Arbeit resümiert und das weitere Vorgehen dargelegt werden.

1. Theoretische Grundlagen der Kontextoptimierung

Zu Beginn wird die Entstehung und Begründung des Konzepts kurz skizziert. Anschließend werden die Zielgruppe, die wesentlichen Therapieziele sowie die Prinzipien der Kontextoptimierung dargestellt.

1.1 Entstehung und Begründung des Konzepts

Das therapie- und unterrichtsdidaktische Konzept „Kontextoptimierung" wurde Ende der 90er Jahre/Anfang 2000 von Hans-Joachim Motsch entwickelt. Seither ist es mehrmals in Form von Interventionsstudien empirisch überprüft, evaluiert und weiterentwickelt worden. Ziel der Kontextoptimierung ist die Förderung des Erwerbs grammatischer Fähigkeiten bei Kindern mit Spracherwerbsstörungen auf der morphologisch-syntaktischen Sprachebene. Motsch sieht die Notwendigkeit eines neuen Konzepts zur Förderung grammatischer Kompetenzen in zwei problematischen Entwicklungen begründet. Sprachtherapeuten und – therapeutinnen sowie Sprachheillehrer und –lehrerinnen zeigen oftmals Unsicherheiten im therapeutischen Umgang mit grammatischen Störungen. Um diesen Schwierigkeiten zu entgehen, beobachtet Motsch, wird entweder auf „allgemeine Sprachförderung" oder auf Förderung der phonetisch-phonologischen Sprachebene, die ebenfalls bei vielen Kindern mit Spracherwerbsstörungen beeinträchtigt ist, ausgewichen. Die Sprachheillehrkräfte hingegen, die grammatische Förderung im Unterricht anbieten, greifen meist auf ungünstige produktionsorientierte Satzmusterübungen („pattern practice") zurück. Hierbei werden künstliche Situationen geschaffen, in denen das Kind Sätze nachsprechen soll, die keine Kontraste aufzeigen, beispielsweise nur aus Subjekt-Verb-Objekt-Sätzen bestehen, ohne diesen beispielsweise Objekttopikalisierungen gegenüber zu stellen. Darüber hinaus lernen Schüler und Schülerinnen nicht in kommunikativ sinnvollen Kontexten, das heißt, die Lebenswelt und Emotionalität des Kindes wird nicht angemessen berücksichtigt. Hieraus resultiert zum einen eine geringe Motivation auf Seiten der Kinder, zum anderen wenige bis ausbleibende Erfolge beim Transfer der Zielstruktur in den Alltag. Da auf die Überprüfung des individuellen Lernstandes eines jeden Kindes verzichtet wird, bleibt die Förderung oberflächlich und ist somit nicht effektiv genug, um grammatische Blockierungen zu lösen (vgl. Motsch 2010, S.10f., S.86f. und S.100). Zusammenfassend kann festgehalten werden, dass bisherige therapiedidaktische Konzepte zur grammatischen Förderung nicht ausreichen, um den Spracherwerb grammatisch beeinträchtigter Kinder adäquat anzustoßen bzw. zu fördern. Bei der Entwicklung der Kontextoptimierung greift Motsch auf bewährte therapeutische Erkenntnisse und Vorgehensweisen therapiedidaktischer Ansätze zurück, wobei er hierbei anstrebt, deren Schwächen zu vermieden. Beispielsweise wird angelehnt an den entwicklungsproximalen Ansatz von Dannenbauer der individuelle Förderbedarf (mithilfe der Evozierten Sprachdiagnose grammatischer Fähigkeiten (ESGRAF)) erfasst und die relevante Zielstruktur auf der Grundlage der gewonnenen Erkenntnisse über den Entwicklungsstand im Sinne der „Zone der nächsten Entwicklung" konkludiert (vgl. ebd., S.12 und S.100). Anschließend sollen „[...] die Inputstrukturen dann so verändert werden, dass sie die Zielstrukturen in dafür geeigneten Handlungs- bzw. Spielhandlungskontexten häufiger, eindeutiger, prägnanter und kontrastiver enthalten." (Motsch 2010, S.12).

3

1.2 Ziele kontextoptimierter Förderung

1.2.1 Zielgruppe

Ein unauffälliger Spracherwerb auf der morphologisch-syntaktischen Sprachebene ist bereits mit der Vollendung des vierten Lebensjahres abgeschlossen[2]. Kinder in diesem Alter haben bis dahin alle wesentlichen grammatischen Regeln erworben. Das lässt sich daran erkennen, dass sie zu 90-100%[3] grammatisch korrekte Sätze bilden können. Motsch orientiert sich bei seinem Ansatz am Erwerbsphasenmodell nach Clahsen (1982):

Phase	Alter	Wesentliche Merkmale
I	1;6	Einwortäußerung
II	2;0	Zweiwortäußerung
III	2;6	Mehrwortäußerung Erste Äußerungen mit Verb-Zweitstellung
IV	3;0	Erwerb der Verbzweitstellungsregel und der Subjekt-Verb-Kontroll-Regel
V	3;6	Kasusmarkierungen im Akkusativ und Dativ Produktion erster subordinierter Nebensätze mit Verbendstellung

Übernommen aus: Motsch 2010, S.26

Kinder mit einer Spracherwerbsstörung[4] auf der morphologisch-syntaktischen Sprachebene befinden sich in einem höheren Alter, beispielsweise im Grundschulalter, noch in einer der oben aufgeführten Phasen. Der Erwerb grammatischer Regeln ist oftmals stagniert, das heißt, das Kind ist in seinem grammatischen Spracherwerb in einer Phase des Erwerbs „stehen geblieben". Es kann in seinem Spracherwerb nicht weitergehen, die nächste(n) Phase(n) können nicht erreicht werden, solang die Blockade nicht gelöst wird.[5] Beispielsweise wird

---

[2] Eine Ausnahme bildet die letzte Phase des Erwerbsphasenmodells, die lediglich die Entdeckung der Regel anzeigt. In welchem Alter der Erwerb der Regeln der Phase V als abgeschlossen gelten kann, gibt Clahsen nicht an. Motsch nennt an anderer Stelle das Grundschulalter (vgl. ebd., S.27 und S.49).
[3] Eine grammatische Regel gilt bei weniger als 10% Fehlbildungen als erworben (vgl. ebd., S.27).
[4] Der Begriff „Spracherwerbsstörung" wird hier nach Motsch 2010 verwendet.
[5] Die Stagnation kann sich hierbei nicht „von selbst" lösen, es muss sprachtherapeutisch interveniert werden.

4

ein 7jähriger Schüler, der die Verbzweitstellungsregel im Hauptsatz und die Subjekt-Verb-Kontrollregel noch nicht erworben hat auch nicht die Verbendstellungsregel im Nebensatz oder die Dativregel sicher erwerben können (vgl. ebd., S.24ff. und S.46).

Kinder mit grammatischen Störungen, haben es nicht (ausreichend) geschafft, aus ihrem sprachlichen Umfeld relevante Merkmale zur Entdeckung grammatischer Regeln zu extrahieren. Sie verfügen nicht im gleichen Maße über Bootstraping-Strategien (Strategien, um sich relevante grammatische Informationen herauszufiltern) wie sprachunauffällige Kinder. Kinder mit einem normalen Spracherwerb filtern die „[...] für ihr Lernen relevante Einheiten (Trigger) aus dem wesentlich größeren sprachlichen Input als Intake heraus." (Motsch 2010, S.46). Ein Trigger ist beispielsweise bei der Entdeckung der Subjekt-Verb-Kongruenz die nur einmal vorkommende Verbendung „-st" die das Subjekt „Du" erfordert. Als Schlussfolgerung muss aus diesen Erkenntnissen gezogen werden, dass der Sprachinput der Umgebung bzw. ein korrektes Sprachvorbild alleine nicht ausreicht, damit Kinder mit Störungen auf der morphologisch-syntaktischen Sprachebene grammatische Regeln entdecken und schließlich erwerben können.

An dieser Stelle greift Motschs therapiedidaktisches Konzept. Der Kontext soll hierbei insofern optimiert werden (vgl. Kapitel 1.3), dass die relevanten Merkmale der zu erwerbenden grammatischen Regel entdeckt werden können (vgl. Motsch 2010, S.46ff.). Wie kann nun die Zielgruppe der Kontextoptimierung ermittelt werden? Zur Überprüfung grammatischer Störungen existieren bereits verschiedene diagnostische Verfahren, u.a. informelle Verfahren (Braun), Screenings (Penner), Profilanalysen (Kauschke/Siegmüller) oder Subtests standardisierter Sprachentwicklungstests (Grimm). Aufgrund verschiedener Defizite die Motsch an den Verfahren kritisierte entwarf er ein alternatives diagnostisches Verfahren: die Evozierte Sprachdiagnose grammatischer Fähigkeiten, die er in den letzten Jahren überarbeitete und weiterentwickelte (ESGRAF-R[6]) (vgl. ebd., S.70ff.). „ESGRAF-R ist ein zeitökonomisches qualitatives und quantitatives Diagnoseverfahren, das förderrelevante

---

[6] ESGRAF-R ist die Abkürzung für „Evozierte Sprachdiagnose grammatischer Fähigkeiten". Das „-R" gibt an, dass es sich hier um die überarbeitete und erweiterte Version des Verfahrens handelt. Zur besseren Lesbarkeit wird im Folgenden die Abkürzung des diagnostischen Verfahrens genutzt.

Informationen über den erreichten Stand der grammatischen Fähigkeiten eines Kindes liefert." (Motsch 2009, S.12, Z.1).[7]

1.2.2 Sprachtherapeutische Ziele

Das übergeordnete Ziel des therapie- und unterrichtsdidaktischen Konzepts ist der optimierte Kontext. Hierunter versteht Motsch eine Phase in der Therapie oder im Unterricht, in welcher Variablen wie beispielsweise der Sprachinput, die Spiel- und Handlungssituation, die Sprechweise des Therapeuten/der Therapeutin sowie die Unterstützungsangebote bestmöglich gestaltet werden, sodass ein Kind mit grammatischen Störungen die grammatische Regel zuerst entdecken und schließlich auch erwerben kann (vgl. Motsch 2010, S.101).

> Kontextoptimierung versucht die planbaren Komponenten des Kontextes so zu verändern, dass Blockaden im grammatischen Lernen beseitigt werden und sich der danach erfolgende grammatische Lernprozess intensiviert. Die Veränderungen sollen zur optimalen Fokussierung der kritischen Merkmale von sprachlichen Zielstrukturen führen, um dadurch dem Kind die Verarbeitungsmöglichkeit der sprachlichen Strukturen zu erleichtern und die Verarbeitungswahrscheinlichkeit zu erhöhen. (Motsch 2010, S.102, Z.1)

Die Therapieziele der Kontextoptimierung werden von dem Erwerbsphasenmodell nach Clahsen (siehe S.4) abgeleitet. Sie beschränken sich auf die wesentlichen grammatischen Regeln, deren Erwerb bei Kindern mit grammatischen Störungen im Vordergrund sprachtherapeutischer Arbeit steht (vgl. ebd., S.28).

1. Verbzweitstellungsregel im Hauptsatz   (Phase III-IV)

2. Subjekt-Verb-Kontroll-Regel   (Phase III-IV)

3. Komplexe Syntax: Verbendstellung in subordinierten Nebensätzen   (Phase V)

4. Kasusmarkierung in Akkusativ- und Dativkontexten   (Phase V)

(übernommen aus Motsch 2010, S.28)

---

[7] Aus Platzgründen kann hier nicht weiter auf die Mängel der bisherigen diagnostischen Verfahren sowie auf die Vorteile der ESGRAF-R eingegangen werden (nachzulesen in Motsch 2010, S.70ff. und Motsch 2009, S.9ff.).

1.3 Prinzipien kontextoptimierter Förderung

1.3.1 Kick-off

Der Kick-off ist die Basis kontextoptimierter Förderung. Symbolisch gesehen ist hier der Startschuss einer neuen Therapieeinheit gemeint, der anzeigt, welches Therapieziel in der nächsten Zeit verfolgt wird. Zu Beginn soll durch einen starken, eindrucksvollen Impuls, eine „handlungsmäßige Erfahrung", die grammatische Regel entdeckt werden. Die zu erwerbende Zielstruktur ist oftmals in kleinen Geschichten und Handlungen eingebettet, um die Emotionalität des Kindes anzusprechen und somit eine stärkere Verankerung zu erreichen. Im Kick-off soll die zu erwerbende grammatische Regel gezielt in den Fokus, in das Bewusstsein der Kinder gerückt werden. Auf die im Kick-off erarbeiteten Strukturen, beispielsweise „das faule Wort" kann in den folgenden Sequenzen immer wieder zurückgegriffen werden (vgl. ebd., S.106f.). „Die konsequente Durchführung dieses Startschusses hat sich als einer der wesentlichen Wirkfaktoren eines effizienten, d.h. raschen Therapieerfolges herausgestellt." (Motsch 2010, S.106, Z.18)

1.3.2 Ursachenorientierung

Kinder mit einer Spracherwerbsstörung auf der morphologisch-syntaktischen Sprachebene weisen oftmals auch Störungen auf der phonetisch-phonologischen Sprachebene auf. Hierzu zählen u.a. Schwierigkeiten in der auditiven Wahrnehmung und Speicherung, in der phonematischen Differenzierung sowie in der phonologischen Bewusstheit. Diese Kompetenzen sind jedoch gerade zur Erkennung und Unterscheidung relevanter Endungen für die Entdeckung morphologischer Regeln[8] von zentraler Bedeutung. Beispielsweise muss ein Kind die Morphemmarkierungen „-t" und „-st" unterscheiden können, um die Veränderung am Verb bei der Subjekt-Verb-Kongruenz wahrzunehmen.[9] Solange Kinder mit grammatischen Störungen relevante morphologische Markierungen nicht oder nur unzureichend auditiv zu differenzieren vermögen, können sie trotz

---

[8] Hierzu zählt die Subjekt-Verb-Kontroll-Regel sowie Kasusmarkierungen in Akkusativ- und Dativkontexten.
[9] Alle Beispiele beziehen sich bereits vorgreifend auf die Therapieziele meiner Unterrichtseinheit, um hier einen Schwerpunkt zu setzen (aufgrund von Platzmangel können andere Therapieziele nur marginal mitgedacht werden).

eines optimierten Kontextes die Zielstruktur nicht oder nur eingeschränkt wahrnehmen, was den Erwerb erheblich erschwert bis unmöglich macht. Aus dieser Erkenntnis resultiert die Aufgabe für den Therapeuten/die Therapeutin, im gegebenen Falle eine Fördereinheit zur *Sensibilisierung auf Morphemmarkierungen* vorzuschalten. Hierbei geht es um das kurzfristige Ziel, „finale Laute schnell identifizieren und unterscheiden zu können". Eine Übung kann beispielsweise sein, Auslaute bei Nomen zu differenzieren („Höre genau hin. Wo hörst du ein „–st"? Bei Hut, Wurst oder Bett?") (vgl. ebd., S.107f.).

Um die Einschränkungen spracherwerbsgestörter Kinder ebenfalls zu kompensieren, soll die *Sprechweise des Therapeuten* effektiv eingesetzt werden. Motsch geht davon aus, dass Kinder mit grammatischen Störungen von einer veränderten Sprechweise maßgeblich profitieren. Er beruft sich hierbei auf amerikanische Studien aus den 90er Jahren sowie die zehnjährigen Erfahrungen im Rahmen der Anwendung des Konzeptes Kontextoptimierung (die Sprechweise des Therapeuten war von Beginn an eine wesentliche Grundlage der Kontextoptimierung). Im Gegensatz zu anderen therapiedidaktischen Ansätzen grammatischer Förderung fordert er eine „unnatürliche" Sprechweise: Langsames, fraktioniertes und betontes Sprechen mit einer veränderten Prosodie (vgl. ebd., S.108f.). „Die ausgeprägte professionelle Sprechweise führt beim Kind zu verbesserter Identifizierung, Sequentierung und Speicherung der kritischen Merkmale der Zielstruktur." (Motsch 2010, S.108, Z.29) Wenn ein Kind die ‚komische' Sprechweise entdeckt ist dies laut Motsch nicht hinderlich, sondern sogar hilfreich. Hiermit intensiviert sich seine Aufmerksamkeit auf die zu erwerbende Zielstruktur.

Ein dritter, zentraler Aspekt im Sinne der Ursachenorientierung ist die Beschränkung auf die *kürzeste Zielstruktur*. Motsch betont, dass die oftmals verminderte Speicherfähigkeit von Sprache bei Kindern mit Spracherwerbsstörungen im grammatischen Bereich ein Bedingungsfaktor ist, der für die Planung kontextoptimierter Förderung unbedingt berücksichtigt werden muss. Ist die Äußerungslänge inadäquat oder sind *„sprachliche Ablenker"* vorhanden, beispielsweise grammatische Strukturen aus höheren Erwerbsphasen oder unbekannte Wörter, können sich die Kinder nicht mehr (ausreichend) auf die kritischen Merkmale der Zielstruktur konzentrieren. Innerhalb des didaktischen

Konzepts ist es im Sinne der kürzesten Zielstruktur daher auch möglich bzw. in vielen Fällen sogar geboten mit Ellipsen zu arbeiten, welche der Alltagssprache ohnehin eher entsprechen. Es soll unbedingt vermieden werden, wie beispielsweise bei der Methode des „pattern drills", von den Kindern zu verlangen, in ganzen Sätzen zu sprechen, da diese Praxis sehr künstlich und demotivierend wirkt. In mündlichen Kommunikationssituationen kommen ellipsenartige Äußerungen häufiger vor, da der Kommunikationsrahmen (beispielsweise etwas, das beide Gesprächspartner sehen können) oftmals viele Strukturen überflüssig macht. Insofern ist die Aufforderung, in situativen Kommunikationskontexten in ganzen Sätzen zu sprechen, nicht nachvollziehbar, sie ruft Irritationen vor und ist im Sinne der kürzesten Zielstruktur auch nicht gewollt. Bei dem Therapieziel Subjekt-Verb-Kongruenz wäre die kürzeste Zielstruktur beispielsweise „Du malst". Die Struktur beschränkt sich auf Subjekt und Verb, es sind keine sprachlichen Ablenker wie beispielsweise bei „Du malst einen großen Fisch" vorhanden. Das Sprachmaterial wird vorab so ausgewählt und reduziert, dass das Kind sich ganz auf die zu erlernende Zielstruktur (in diesem Fall die Endung „–st" die das Subjekt Du erfordert) konzentrieren kann. Wichtig ist zudem, dass das Sprachmaterial kontrastiv ist. Bei dem Therapieziel Verbzweitstellung im Hauptsatz reicht es beispielsweise nicht aus lediglich Subjekt-Verb-Objekt-Sätze zu bilden („Ich kaufe Salat"). Die Verbzweitstellung kann hier nur entdeckt werden, wenn das Kind lernt, dass das Verb in verschiedenen Satzstrukturen immer an der zweiten Stelle steht („Was kaufst du?", „Salat kaufe ich."). Spiegelt die Länge bzw. Kürze der Zielstruktur die Quantität der Zielstruktur wider, so geht es im nächsten Abschnitt um die Qualität der Zielstruktur.

Zur Ursachenorientierung gehört schließlich noch das *Ausschalten von „Verwirrern"*. Kinder mit Störungen auf der morphologisch-syntaktischen Sprachebene können nicht gleichermaßen auf Strategien zur Filterung relevanter sprachlicher Informationen zurückgreifen wie Kinder mit einer normalen Sprachentwicklung. Daher ist für sie zum Erkennen grammatischer Regeln ein eindeutiger Input erforderlich. Ein Negativbeispiel wäre, zum Erkennen der Subjekt-Verb-Kongruenz, das Verb „heißen" zu verwenden. Zwischen „Du heißt" (2.Person Singular) und „Er heißt" (3.Person Singular) besteht kein phonetischer

Unterschied. Auch andere unregelmäßige Verben sind für den Erwerb der Subjekt-Verb-Kontroll-Regel ungünstig (vgl. ebd., S.108ff.). Darüber hinaus sollte bei der methodischen Planung verstärkt darauf geachtet werden, *situative Ablenker* zu vermeiden. Hierzu zählen u.a. zu viele gestalterischen Elemente und Materialien (Gefahr der Reizüberflutung), komplizierte Spielabläufe oder zu hohe inhaltliche Anforderungen (vgl. Berg 2011, S.38).

1.3.3 Ressourcenorientierung

Ein weiteres Prinzip der Kontextoptimierung ist die Ressourcenorientierung. Hierbei geht es darum, „[...]vorhandene metasprachliche und auch schriftsprachliche Ressourcen der Kinder kompensatorisch zur Unterstützung des grammatischen Lernens zu nutzen." (Motsch 2010, S.111). Aufgrund der bereits erwähnten eingeschränkten auditiven Leistungsfähigkeiten können beispielsweise verstärkt visuelle und taktile Angebote eingesetzt werden. Motsch nennt das *Gespräch*, die *Schriftsprache* sowie *wahrnehmbare Strukturen* als drei zentrale Unterstützungshilfen. Er betont, dass jeweils individuell beobachtet werden muss, welches der Angebote dem Kind am besten hilft. Die Unterstützungshilfen werden sukzessive abgebaut, je weiter die Entwicklung des Kindes voranschreitet.

Beim *Gespräch* wird gemeinsam mit dem Kind die jeweilige Zielstruktur reflektiert. Hierbei wird einerseits auf vorhandene metasprachliche Fähigkeiten zurückgegriffen, andererseits wird das Sprechen über Sprache etabliert und somit der Ausbau metasprachlicher Kompetenzen gefördert. Das Gespräch kann dazu genutzt werden, die fehlerhafte Struktur des Kindes der Zielstruktur gegenüberzustellen und somit eine Problematisierung zu schaffen, die es dem Kind ermöglicht bewusster über die eigene Sprache nachzudenken.

Die *Schriftsprache* ist eine weitere Ressource, die vielfältig genutzt werden kann, vorausgesetzt das Kind verfügt bereits über schriftsprachliche Fähigkeiten. Durch Schrift können beispielsweise kritische Merkmale der Zielstruktur wie Morpheme farblich oder durch Auslassungen hervorgehoben werden. Sie kann dazu dienen, die Regel festzuhalten oder zu Übungszwecken bei der Bearbeitung von

Arbeitsblättern o.Ä. eingesetzt werden. Darüber hinaus können beim Erwerb der Syntax Wortkarten zum Bau von Sätzen genutzt werden.

Die Unterstützung des Lernprozesses durch **wahrnehmbare Strukturen** beinhaltet beispielsweise den Einsatz von visuellen Hilfen, u.a. Bauklötzchen für ein Wort oder ein Einkaufskorb für das Verb „kaufen". Ebenso können Bilder, Symbole, sprachhandlungsbegleitenden Gesten und Zeichen, oder Unterstützungssystemen wie das Phonembestimmte Manualsystem zur Visualisierung der Morphemmarkierungen eingesetzt werden. Darüber hinaus können auch auditive Impulse genutzt werden, beispielsweise ein Signal bei einer fehlerhaften Äußerung, welches das Kind anregt, sich selbst zu korrigieren.

Kontextoptimierung sollte ferner in einem Rahmen stattfinden, der für das Kind emotional ansprechend und motivierend ist. Daher geht Motsch vom **Format des Kindes** aus. Das Format orientiert sich an den Interessen, Wünschen und an der Entwicklung des Kindes. Das Kind soll Spiel- und Handlungskontexte mitgestalten und mitbestimmen können. Ist gemeinsam ein Rahmen, ein Kontext gefunden worden, bleibt dieser für eine längere Zeit als festes Ritual bestehen (vgl. ebd., S.111ff.). „Der immer gleiche Rahmen gibt dem Kind verstehens- und handlungsmäßige Sicherheit. Er benötigt zunehmend weniger Aufmerksamkeit und gibt die vorhandene Kapazität für das frei, was sich im Spiel verändert – das Sprachmaterial." (Motsch 2010, S.112, Z.11)

1.3.4 Modalitätenwechsel

Die Modalitäten **Rezeption**, **Produktion** und **Reflexion** sollen innerhalb kontextoptimierter Fördersequenzen in einem angemessen Rhythmus gewechselt werden. Motsch spricht von einem wellenartigen Wechsel der Modalitäten, bei dem es Übergänge zwischen sprachbewussten und weniger sprachbewussten Phasen gibt. Sprachbewusstere Phasen sind u.a. Erarbeitung, Produktion, fokussierte Gespräche, strukturierte Spiele und Reflexion. In diesen Phasen ist der Input stark vorstrukturiert, sprachliche und situative Ablenker und Verwirrer werden ausgeschaltet und verschiedene Unterstützungshilfen angeboten. In den eher sprachunbewussten Phasen stehen die Rezeption, konzeptuelle Spiele, das Anwenden und Erproben und das Üben im Vordergrund. Hierbei ist der Input weniger vorstrukturiert und es können auch Ablenker und Verwirrer auftauchen. Auf den Unterricht bezogen finden stärker sprachunbewusste Phasen beispielsweise in Freiarbeitsformen oder Sozialformen wie Gruppen- oder Partnerarbeit statt (vgl. ebd., S.115ff.).

Bei der kontextoptimierten Förderung ist es zentral, *zwingende Kontexte* zu schaffen, um die Zielstruktur zu evozieren. Der Kontext sollte so gestaltet sein, dass „[...] die Realisierung der Zielstruktur für den Spiel- oder Handlungsfortgang unverzichtbar oder doch zumindest kommunikativ sinnvoll ist." (Motsch 2010, S.117). Bei dem Therapieziel Verbzweitstellung im Hauptsatz muss der Kontext beispielsweise so beschaffen sein, dass es für das Kind sinnvoll erscheint, einen ganzen Satz zu bilden. Statt also das Kind aufzufordern, im ganzen Satz zu sprechen, müssen Kontexte gefunden werden, die einen vollständigen (dreigliedrigen) Satz erfordern. Effektiv erscheinen Kontexte, in denen der Therapeut/die Therapeutin nicht sehen kann, was das Kind tut (offene Aufforderung: „Erzähl mal!"). Das Kind kann beispielsweise mit Puppen in einem Puppenhaus verschiedene Handlungen ausführen, die der Therapeut/die Therapeutin nicht sieht. Hierbei müssen mindestens 2 Puppen vorhanden und mehrere alternative Handlungen möglich sein, sodass das Kind gezwungen ist, Subjekt und Verb zu benennen. Zum Beispiel: „Der Junge macht Hausaufgaben", „Das Mädchen spielt Gitarre". Eine Kommentierung wird zusätzlich durch die Spielregel zwingend, wenn der Therapeut/die Therapeutin sich die Handlungen der Puppen (Welche Puppe macht was?) merken und anschließend nachspielen soll. Aufgabe des Therapeuten/ der Therapeutin ist es, die eigenen Redebeiträge zu kontrollieren. Geschlossene Fragen evozieren oftmals Einwortäußerungen. Offene Fragen und Aufforderungen hingegen erhöhen die Wahrscheinlichkeit einer ausführlicheren Äußerung.

Motsch erläutert, dass es für Kinder besonders motivierend ist, wenn sie durch ihre eigenen Worte, unter Berücksichtigung der neu erworbenen grammatischen Regel, etwas steuern oder verändern können. Er nennt diesen Effekt die *Macht der Worte*. Beispiele sind u.a. die Steuerung eines Roboters durch sprachlich korrekte Anweisungen (bei fehlerhafter Produktion bleibt der Roboter stehen) oder

Zaubersprüche, die nur in Erfüllung gehen, wenn die Zielstruktur korrekt gebildet wurde (vgl. ebd., S.117ff.).[10]

2. Darstellung der Lerngruppe

Im Folgenden wird die Lerngruppe hinsichtlich der sprachtherapeutischen Schwerpunktsetzung – der Förderung grammatischer Therapieziele - dargestellt. Hierzu dienen einerseits die *allgemeinen Lernvoraussetzungen*, die relevant für den Erwerb grammatischer Regeln sind (schriftsprachliche Fähigkeiten, auditive Wahrnehmungsverarbeitung und phonologische Bewusstheit) und andererseits die konkreten *grammatischen Lernvoraussetzungen*, die durch die diagnostische Überprüfung mit der ESGRAF-R festgestellt wurden.

2.1 Allgemeine Lernvoraussetzungen

Schriftsprachliche Fähigkeiten sind für kontextoptimierte Phasen von großer Bedeutung, da Schriftsprache bei ausreichenden Vorerfahrungen als Hilfsmittel (beispielsweise zur Markierung der Endung „-st") genutzt werden kann. Andererseits wird über Schriftsprache reflektiert, denn die mündliche Alltagssprache kann dem Anspruch der Zielstruktur oft nicht entsprechen. Bei dem Therapieziel Subjekt-Verb-Kontroll-Regel beispielsweise ist in der Alltagskommunikation durch Assimilationen oftmals keine deutliche Morphemmarkierung zu hören (zum Beispiel „hasse gesehn?" für „hast du gesehen?"). Darüber hinaus kann Schriftsprache zum Festhalten der Regel oder auch zu Übungs- und Vertiefungszwecke eingesetzt werden. Zusätzlich spielt für die kontextoptimierten Phasen die auditive Wahrnehmung und Verarbeitung eine wesentliche Rolle (vgl. Kapitel 1.3.2). Die in der folgenden Tabelle aufgeführten Daten stammen aus den aktuellen Förderplänen der Schüler und Schülerinnen[11] sowie aus Beobachtungen in

---

[10] An dieser Stelle wird auf den Kontextoptimierungs-Check hinweisen, der alle Prinzipien als Abhakliste enthält und somit als Planungshilfe genutzt werden kann (vgl. Motsch 2010, S.119).
[11] Die Namen der Schüler und Schülerinnen wurden verändert.

Therapie und Unterricht. Die Kinder der Klasse sind absteigend nach ihrem Alter geordnet.

Schüler und Schülerinnen (aktuelles Alter)	Schriftsprachliche Entwicklung				Auditive Wahrnehmung	
	Lesen		Schreiben			
	Beherrscht Phonem-Graphem-Korrespondenz	Syn-theti-siert Silben	Lautiert ein-fache Wörter	Schreibt lautgetreu ohne Buchstaben-auslassungen	Auditive Wahrneh-mungsver-arbeitung	Phonolo-gische Bewusstheit
Anna (8,6)	xxx	xxx	xxx	xx	x	xx
Tarek (8,6)	xx	xx	xx	x	xx	x
Akan (8,5)	x	x	x	x	x	x
Justin (8,4)	xx	xxx	xx	x	x	x
Domenik (8,3)	xx	x	x	x	x	xx
Jan (8,2)	xxx	xxx	xxx	xx	xxx	xxx
Fatima (8)	xxx	xx	xx	xx	xx	xx
Trung(8)	xxx	xxx	xxx	xxx	xx	xx
Abdullah(7,7)	xx	xxx	xx	x	x	xx
Mohammed (7,6)	xxx	xxx	xx	xx	x	xx
Julia (7,3)	xxx	xxx	xxx	xxx	xxx	xxx
Nicklas (7,1)	xxx	xxx	xx	xx	xx	xxx

Niveaustufen   xxx =   sicher vorhanden
                  xx =   teilweise vorhanden
                  x =   wenig bis gar nicht vorhanden

Wie die Tabelle zeigt, befinden sich die Schüler und Schülerinnen in ihrem Schriftspracherwerb auf sehr unterschiedlichen Stufen. Bei einigen Kindern, beispielsweise bei Akan, Domenik, Abdullah und Justin muss während der Fördersequenzen beobachtet werden, inwieweit Schriftsprache zum Beispiel als visuelle Unterstützung oder bei der selbständigen Bearbeitung von Arbeitsblättern eingesetzt werden kann. Da die Lesekompetenz beispielsweise bei Akan noch stark eingeschränkt ist, wäre es didaktisch sinnvoll, immer auch zusätzlich visuelle, nichtsprachliche Hilfen (Bilder, Symbole, Gegenstände) anzubieten. Darüber hinaus sollte das ausgewählte Sprachmaterial aus einfachen, leicht zu erlesenden (möglichst lautgetreuen) Wörtern bestehen. Eventuell kann zusätzlich die Verwendung von Großantiqua-Buchstaben Akan das Lesen erleichtern. Diese sind bei ihm präsenter als Kleinbuchstaben, darüber hinaus sind sie einprägsamer und leichter zu differenzieren. Die auditiven Fähigkeiten zur Wahrnehmung und Speicherung von Sprache (alle Facetten der Sprache, beispielsweise bezogen auf Phone, Phoneme, Silben, Wörter, Sätze) müssen bei dieser Lerngruppe in besonderer Weise berücksichtigt werden. Viele Kinder zeigen Einschränkungen in der auditiven Wahrnehmungsverarbeitung sowie in der phonologischen Bewusstheit, was u.a. dazu führen kann, dass relevante Verbendungen nicht differenziert wahrgenommen werden können. Im Sinne der Ursachenorientierung (vgl. Kapitel 1.3.2) sollte daher u.a. eine Förderung zur Sensibilisierung auf Morphemmarkierungen vorab oder parallel stattfinden. Verfolgt wird hierbei das kurzfristige Therapieziel der phonematischen Differenzierung von Endungen. Ebenso muss die eingeschränkte Speicherfähigkeit bei der Planung von Fördersequenzen insofern berücksichtigt werden, dass Arbeitsaufträge, Spielregeln o.ä. nicht zu komplex und zu lang sein dürfen.

2.2 Grammatische Lernvoraussetzungen

Fünf Schülerinnen und Schüler (Anna, Julia, Domenik, Trung und Jan) sind mit dem gesamten Verfahren der ESGRAF-R überprüft worden. Die sieben anderen Kinder der Lerngruppe wurden mit dem Basismodul 1 und wenn nötig mit den Ergänzungsmodulen 1b-1d getestet, was bei fast allen Kindern der Fall war. Diese Module überprüfen die Verbzweitstellung im Hauptsatz sowie die Subjekt-Verb-Kontroll-Regel. Die Testung fand im Zeitraum vom 25.10.2011 bis 11.11.2011 vor der kontextoptimierten Förderung statt.[12] Die folgende Übersicht gibt einen Überblick über die Ergebnisse der ESGRAF-R.

---

[12] Eine Ausnahme bilden wenige Schüler, die noch in der Woche des ersten Kick-offs der Verbzweitstellung getestet wurden.

Schüler und Schülerinnen	Verbzweitstellung	Subjekt-Verb-Kontroll-Regel
Anna	xxx	xxx
Tarek	xxx	x
Akan	xxx	xx
Justin	xx	xx
Domenik	xxx	xx
Jan	xxx	xxx
Fatima	xx	xx
Trung	xxx	xx
Abdullah	0	0
Mohammed	xx	xxx
Julia	xxx	xxx
Nicklas	xxx	xxx

Niveaustufen[13]

xxx =	sicher erworben (95-100%)
xx =	erworben mit Unsicherheiten (80-95%), hier werden zusätzlich Beobachtungen während der Testung gewertet, bspw. ob die Sätze spontan gebildet werden konnten oder ob sie viel Anstrengung (Zeit) erforderten
x =	Erwerbsniveau von 60-80%
0 =	nicht erworben (unter 60%)

Das Basismodul 1 sowie die Ergänzungsmodule 1b-1d der ESGRAF-R erfassen zusätzlich die Verbtrennung, die Umlautveränderung bei der Flexion, den Gebrauch des Partizips sowie Auslassungen von Wortarten. Bei den meisten Kindern, die sich im Bereich 0-xx befinden, konnten in diesen Kategorien ebenfalls Schwierigkeiten beobachtet werden. Die Tabelle zeigt, dass 8 von 12 Kindern die Verbzweitstellung sicher beherrschen. Zwei Schüler und eine Schülerin zeigen bei der Verbzweitstellungsregel noch Unregelmäßigkeiten, Abdullah hat die Verbzweitstellungsregel noch nicht erworben. Laut Ergebnissen der ESGRAF-R beherrschen fünf Kinder die Subjekt-Verb-Kongruenz, fünf Kinder zeigen Unsicherheiten, Tarek befindet sich auf einem Erwerbsniveau von unter 80% und Abdullah hat die Subjekt-Verb-Kontroll-Regel noch nicht entdeckt.

Die Ergebnisse der ESGRAF-R entsprechen zum Teil nicht den Beobachtungen aus Therapie und Unterricht der Klassenlehrerin und der Lehreranwärterin. In der

---

[13] Es wurden hier nicht die drei Stufen nach Motsch (vgl. Motsch 2009) als Maßstab genommen, um einerseits stärker zu differenzieren (vier Stufen) und um andererseits Beobachtungen bei der Testung mit einfließen lassen zu können, da eine rein quantitative Auswertung zu oberflächlichen Ergebnissen geführt hätte (es wurden deskriptive Auswertungsaspekte mit einbezogen).

Spontan- bzw. Alltagssprache zeigen einige Schüler, dass sie die Regelanwendung noch nicht bzw. lediglich partiell beherrschen. Eine besonders große Diskrepanz zwischen den Ergebnissen der Testung und den Beobachtungen im Alltag zeigt sich bei Justin (bezüglich der Verbzweitstellung und der Subjekt-Verb-Kontroll-Regel).

3. Konsequenzen für den Unterricht

Zunächst werden auf der Grundlage der erhobenen diagnostischen Daten die Therapieziele der Lerngruppe konkludiert. Anschließend sollen im Rahmen des didaktischen Ansatzes „Kontextoptimierung" Grundsätze für die Planung des therapieintegrierenden Unterrichts[14] erarbeitet werden.

3.1 Sprachtherapeutische Ziele im Unterricht

Aus Beobachtungen im Unterricht, Berichten der Klassenlehrerin sowie meiner eigenständig durchgeführten ESGRAF-R Überprüfung (vgl. Kapitel 2.2) ergeben sich unter Beachtung der Erwerbsreihenfolge nach Clahsen die sprachtherapeutischen Ziele Verbzweitstellung im Hauptsatz sowie die Subjekt-Verb-Kontroll-Regel. Abdullah und wahrscheinlich auch Justin sind in ihrer grammatischen Sprachentwicklung stagniert. Bei ihnen reicht ein unspezifischer sprachlicher Input in Form eines korrekten Sprachvorbildes nicht aus, um die nächste Phase der Entwicklung grammatischer Fähigkeiten zu erreichen. Insbesondere für sie wäre eine höhere grammatische Stufe, beispielsweise der Erwerb des Akkusativs, nicht sinnvoll, da sie zuerst die Grundlagen beherrschen müssen, bevor sie im Sinne des entwicklungsproximalen Ansatzes, der „Zone der nächsten Entwicklung", weitergehen können. Da bei vielen Schülern und Schülerinnen in der Spontansprache aber zum Teil auch bei der Überprüfung mit ESGRAF-R Unsicherheiten in der Anwendung der Subjekt-Verb-Kontroll-Regel auftauchten, ist es auch für sie sinnvoll, mit diesem Therapieziel zu beginnen, um an Sicherheit zu gewinnen bevor sie zur nächst höheren Stufe übergehen. Bei

---

[14] Der Begriff des therapieintegrierenden Unterrichts wird hier nach Berg 2011 benutzt.

Nicklas zeigte sich bereits zu Beginn der Fördereinheit, dass er trotz eindeutiger Ergebnisse der ESGRAF-R (zweimal 100%) von der Förderung profitiert, da er in direkten Anwendungssituationen zum Teil noch Schwierigkeiten hat, die Subjekt-Verb-Kongruenz herzustellen. Lediglich Jan, Julia und Anna haben in Phase IV des Spracherwerbs keinen Förderbedarf mehr, da sie die grammatischen Regeln bereits sicher beherrschen. Sie können einerseits als Sprachvorbilder für die anderen Kinder fungieren, andererseits müssen hier differenzierte Aufgaben angeboten werden, um eine Unterforderung zu vermeiden.

3.2 Grundsätze der Kontextoptimierung im Unterricht

Berg zeigt auf, dass obwohl von Seiten der Sprachheilpädagogik als auch von der Schulpolitik therapieintegrierender Unterricht (zum Beispiel in Förderzentren mit dem Förderschwerpunkt „Sprache") immer wieder gefordert wird, es relativ wenige unterrichtsintegrierende sprachtherapeutische Ansätze gibt bzw. dass zur Effektivität therapieintegrierenden Unterrichts kaum Studien existieren. Das Konzept „Kontextoptimierung" hingegen wurde von Beginn an neben speziellen Therapiesituationen auch für verschiedene Settings im Unterricht entworfen. Die Effizienz und Effektivität des therapieintegrierenden Unterrichts mit Kontextoptimierung ist hierbei durch verschiedene Interventionsstudien belegt worden. Lehrerinnen und Lehrer, die an der Studie teilnahmen befanden die Planung und Durchführung kontextoptimierter Förderung im Unterricht als „alltagstauglich". Fördersequenzen von 10-20 Minuten täglich reichten bereits aus, um Erfolge des grammatischen Regelerwerbs zu erzielen (vgl. Berg 2011, S.62ff.). Der therapieintegrierende Unterricht kann jedoch nicht den Anspruch erheben, Individualtherapie zu ersetzen. Die Studien von Berg und Motsch belegen, „[...] dass der kontextoptimierte therapieintegrierende Unterricht nachweisbar grammatische Fortschritte ermöglichen kann, spezielle Therapiestunden aber unverzichtbar bleiben." (Berg 2011, S.65).

Kontextoptimierte Förderung grammatischer Kompetenzen kann laut Berg unter Berücksichtigung folgender Grundsätze im Unterricht eingesetzt werden: Eine wesentliche Voraussetzung ist, dass die Lehrkraft den individuellen, aktuellen Spracherwerbsstand kennen muss. Dieser kann durch eigene diagnostische

Überprüfungen oder durch den Austausch mit den für Diagnostik zuständigen Personen erarbeitet werden. Der individuelle Spracherwerbsstand bildet den Ausgangspunkt der kontextoptimierten Förderung, hiervon werden die Therapieziele abgeleitet. Diese sollen dann adäquat in den Unterricht integriert werden. Hierbei ist die Konzentration auf ein grammatisches Therapieziel effektiver als die gleichzeitige Arbeit an mehreren Therapiezielen (zum Beispiel zusätzlich semantisch-lexikalische Therapieziele zu verfolgen). Normalerweise steht zudem in jedem Unterricht ein curriculares Lern- bzw. Bildungsziel im Vordergrund (vgl. ebd., S.53ff.). Berg empfiehlt jedoch, insbesondere für die Förderung grammatischer Kompetenzen, „[...] bestimmte sprachliche Förderziele für einige Zeit in den Vordergrund zu rücken und hier einen Schwerpunkt zu setzen." (Berg 2011, S.54f.). Dieser Grundsatz gilt auch innerhalb der Grammatik: Therapieziele sollten nur kombiniert werden, wenn es der Sprachentwicklungsstand der Kinder zulässt und wenn es didaktisch sinnvoll erscheint. Es wäre beispielsweise nicht ratsam, die Verbzweitstellungsregel und die Kasusmarkierung in Akkusativkontexten gleichzeitig zu fördern. Die Therapieziele Verbzweitstellung im Hauptsatz und Subjekt-Verb-Kontroll-Regel können hingegen bei entsprechenden Bedingungen gut kombiniert werden. Ein weiterer Grundsatz betrifft ebenfalls die unbedingte Fokussierung auf die zu erwerbenden Zielstruktur. Findet die kontextoptimierte Förderung unterrichtsintegrierend statt, sollten Wiederholungssituationen, etablierte Rituale oder Unterrichtssituationen mit geringen inhaltlichen Anforderungen gewählt werden, um die volle Konzentration auf das Sprachmaterial zu gewährleisten. Ein letzter Grundsatz bezieht sich auf die Sozialformen des Unterrichts. Lehrerzentrierte Formen haben den Vorteil, dass hier die zu erwerbende Zielstruktur eindeutig und besonders häufig angeboten werden kann. Partner- und Gruppenarbeit hingegen sind erst dann sinnvoll, wenn die Schüler und Schülerinnen im Erwerb bereits an Sicherheit gewonnen haben und sie im Austausch mit anderen ihre sprachlichen Fähigkeiten anwenden können (Transfer in die Alltagssprache). Bei Freiarbeits- und Einzelarbeitsphasen sollte eine Selbstkontrolle ermöglicht werden, sodass die Kinder eine Rückmeldung zu ihren sprachlichen Fähigkeiten erhalten (vgl. ebd., S.55ff.).

4. Planung, Durchführung und Reflexion der Unterrichtsarbeit

Die folgende Tabelle, die einen Ausschnitt der geplanten und gehaltenen Fördersequenzen darstellt, bietet einen Überblick der Unterrichtsarbeit. Anschließend werden exemplarisch zwei kontextoptimierte Fördersequenzen differenzierter dargelegt und didaktisch kommentiert. Schließlich wird die Unterrichtsarbeit in Kapitel 4.3 insgesamt reflektiert.

4.1 Tabellarische Übersicht[15]

Seit knapp 10 Wochen arbeite ich in der Klasse 2a[16] an dem Therapieziel der Verbzweitstellung im Hauptsatz, seit 9,5 Wochen zusätzlich an der Subjekt-Verb-Kontroll-Regel. Die kontextoptimierten Phasen finden ein- bis dreimal wöchentlich für 10-35 Minuten im Deutschunterricht statt. In der wöchentlichen Therapiestunde, an der 5 Schüler der Lerngruppe teilnehmen, erfolgt kontinuierlich kontextoptimierte Förderung für 20-35 Minuten. Neben der Therapie und dem Deutschunterricht wurde Kontextoptimierung auch im Sportunterricht durchgeführt. In einigen kontextoptimierten Phasen im Unterricht lag der Schwerpunkt der Förderung allein auf dem Therapieziel (vgl. ebd., S.54f.), in anderen wurden gleichzeitig curriculare und sprachtherapeutische Ziele verfolgt.

---

[15] Im Anhang befinden sich Bilder der Medien und Materialien, mit denen sich die Fördersequenzen besser nachvollziehen lassen.
[16] Die Klassenbezeichnung wurde verändert.

Thema (Fach)	Therapie-ziel	Kurze Darstellung des inhaltlichen Ablaufs[17]
Das Einkaufs-spiel oder das „faule Wort" (Deutsch)	Verbzweit-stellung im Hauptsatz Kick-off	Mittels zweier in einer Reihe liegender Reifen und einem Stuhl in deren Mitte, auf dem ein Einkaufskorb steht und an dem das Wort „KAUFE" hängt, soll die Verbzweitstellung demonstriert werden. Die Lehreranwärterin (LA) hängt sich ein „ICH"-Schild um und stellt die Zielstruktur mithilfe von visuellen Hilfen (Schrift, Gegenstände, Symbole) vor: Sie nimmt ein Lebensmittel (bspw. Saft) aus einem Beutel und legt dieses in den rechten Reifen. Dann stellt sie sich selbst in den linken Reifen und sagt: „Ich kaufe Saft." (Mit den Augen und dem Zeigefinger werden hierbei die Wörter verfolgt). Anschließend tauscht sie Subjekt und Objekt, indem sie den Saft in den ersten Reifen und sich selbst in den zweiten stellt: „Saft kaufe ich."(Objekttopikalisierung). Zum Schluss hängt sie das „ICH"-Schild einem anderen Kind um den Hals und fordert es mit dem Satz „Was kaufst du?" auf, es ihr nachzuahmen (Wechsel von Rezeption und Produktion). In der anschließenden Phase der Reflexion wird die Stellung des Wortes „kaufe" thematisiert. Die Schüler und Schülerinnen (SuS) stellen fest, dass sich das Verb nicht bewegt hat, es hat „faul" auf dem Stuhl gesessen während sich das „ICH" (die Person) und das Wort für das jeweilige Lebensmittel sich bewegt haben. Das Verb wird als „faules Wort" bezeichnet. Auf diesen Terminus und seine Funktion kann nun in den folgenden Stunden Bezug genommen werden (vgl. Motsch 2010, S.122ff.). *Siehe S.39*
Einkaufs-spiel: Wieder-holung und Plakat-erstellung (Deutsch)	Verbzweit-stellung im Hauptsatz	Fotos des Einkaufspiels (ein Schüler mit „ICH"-Schild im Reifen stehend, der Stuhl mit dem Einkaufskorb, ein Lebensmittel im Reifen) werden den SuS gezeigt. Anschließend werden sie in eine Holzleiste gesteckt. Hierbei werden erneut (metasprachliche) Fragen aufgeworfen, wie bspw. „Wo darf das faule Wort nur hin? Wie können sich die anderen Wörter bewegen?" In einem nächsten Schritt werden die Fotos als Subjekt-Verb-Objekt- und Objekt-Verb-Subjekt-Sätze auf ein Plakat geklebt. Das Festkleben des faulen Wortes soll hierbei besonders als erfahrungsmäßige Handlung erlebt werden. Das entstandene Plakat kann zur Erinnerung in Übungsphasen oder im Alltag eingesetzt werden kann (vgl. ebd., S.123f.).

---

[17] Aus Platzgründen können die Beispiele hier nur kurz und rein inhaltlich - ohne didaktischen Kommentar - skizziert werden, d.h. auch auf die Prinzipien der Kontextoptimierung kann nur marginal eingegangen werden. Die Tabelle verläuft weitestgehend chronologisch, erhebt aber keinen Anspruch auf Vollständigkeit.

Lied „Mein Wagen hat vier Räder" (Deutsch), Therapieziel: Verbzweitstellung im Hauptsatz
→ Ausführliche Darstellung siehe Kapitel 4.2.1

Das verliebte „-st" (Deutsch), Therapieziel: Subjekt-Verb-Kongruenz (Kick-off)
→ Ausführliche Darstellung siehe Kapitel 4.2.2

		Siehe S.40
Die Verlieb-ten Wieder-holung & Erwei-terung (Deutsch)	Subjekt-Verb-Kontroll-Regel	Die Geschichte des verliebten „–st" wird von den SuS wiederholt (LA bietet Strukturierungshilfen an). Die Schwester vom DU, das schöne ICH wird vorgestellt. Nun wird die Liebesgeschichte vom ICH und „-e" handlungsbegleitend (mit den „verkleideten" Figuren) erzählt. *Siehe S.41*
Lernen an Stationen (Deutsch und Frei-arbeits-phasen)	Subjekt-Verb-Kontroll-Regel	Es werden verschiedene Stationen zur Subjekt-Verb-Kongruenz angeboten. Die LA kann in diesen Phasen verstärkt einzelne SuS individuell unterstützen. • Arbeiten mit der Magnettafel: Sowohl die „faulen Wörter" als auch die Subjekte und Endungen („Die Verliebten") können ausgetauscht werden. Das Kind muss jeweils dem Subjekt die korrekte Endung zuordnen, die Endung über das Verb im Infinitiv legen und soll die entstandenen Sätze vorlesen bzw. abschreiben • Memorys in mehreren Varianten (vgl. Berg 2011, S.82) • Klammerkarten mit Selbstkontrolle: auf den Karten steht ein Subjekt (1., 2. oder 3.Person Singular) mit Verbstamm und drei möglichen Endungen. („Du sag-" „-e", „-st", „-t") Das Kind klemmt nun die Wäscheklammer hinter die passende Endung. Durch Umdrehen der Karte hat es eine Kontrolle (vgl. ebd., S.83). *Siehe S.42*
Auditive Sensibili-sierung der Morphem markie-rungen, Übungen zur phonolo-gischen Bewusst-heit(The-rapie)	Subjekt-Verb-Kontroll-Regel	Verschiedene Übungen zur auditiven Wahrnehmung und phonologischen Bewusstheit, u.a.: • Unterscheiden von Wortendungen bei Nomen: „Mast, Mut." Wo hörst du ein „–st"? (vgl. Motsch 2010, S. 107) • Welche Wörter hören sich gleich an: „Wurst – Wurst", „matt – Mast", „Fest – fett". Die Schüler sollen mit einer Karte jeweils ihre Vermutung legen (ein Symbol für gleich, ein Symbol für ungleich) • Die LA liest jeweils einen Satz mit Betonung der Verbendung vor, bspw. „Du wohnst in Berlin." Die Schüler sollen entscheiden, ob sie ein „-t" oder „–st" beim „faulen Wort" (Tuwort) hören. Die SuS legen die vermutete Endung (Jeder hat eine „-t" und eine „-st" Karte) verdeckt auf den Tisch. Dann werden die Karten gleichzeitig umgedreht und kontrolliert.

22

		Diese und ähnliche Übungen wurden mehrfach in der Therapie durchgeführt.
Das verliebte „–st" als Fangspiel (Sport)	Subjekt-Verb-Kontroll-Regel	Jedes Kind sucht sich einen Partner oder eine Partnerin. Die SuS stellen sich nebeneinander auf eine Seite der Halle und fassen sich an den Händen. Das jeweils linke Kind bekommt eine große Wortkarte „DU" das rechts stehende Kind eine Wortkarte mit einem einfachen (regelmäßigen) Verb, bspw. „KOCHEN". Ein Kind ist das „-ST". Es steht auf der anderen Seite. Auf ein Signal laufen alle Kinder los, das „-ST" versucht ein Pärchen zu fangen (da es ja nah beim DU sein möchte). Ist es dem „-ST" gelungen, stellt es sich neben das Verb und rutscht ganz nah heran (über die Infinitivendung „–en"). Die anderen Kinder haben nun die Aufgabe, den Satz zu lesen („Du kochst") und pantomimisch nachzustellen. Es wird ein neues Kind ausgewählt, welches der Fänger (das „-ST") ist. Bei einer ungeraden Zahl wird eine Dreierkette gebildet. Hierbei wird das Verb am T-Shirt des Kindes in der Mitte festgeklammert (da es ja nun zwei Kinder anfassen muss). Das dritte Kind erhält eine Objektkarte beispielsweise „BALL". Die Schwierigkeit für das „-ST" besteht nun darin, das faule Wort zu identifizieren und sich darüber zu legen („Du spielst Ball") (abgewandelt aus Berg 2011, S.97f.).
Endungen einsetzen „Es klopft bei Wanja in der Nacht" (Deutsch)	Subjekt-Verb-Kontroll-Regel	Vereinfachte, vorstrukturierte Sätze aus der Geschichte „Es klopft bei Wanja in der Nacht" stehen ohne Morphemmarkierungen (Auslassungen durch einen Unterstrich gelkennzeichnet) an der Tafel. „Der Fuchs schwör__: Ich fress__ den Hasen nicht! Was glaub__ du? Der Fuchs lüg__. Der Fuchs sag__ die Wahrheit." Die SuS sollen hier die Endungen der 1., 2. und 3. Person Singular einsetzen. Mit einer roten Kreide werden die Endungen eingetragen. Diese Übung kann anschließend vertiefend auf einem Arbeitsblatt bearbeitet werden.
Sätze bauen (Wanja) (Therapie und Lernen an Stationen Deutsch)	Verbzweit-stellung im Haupt-satz	Vorstrukturierte Sätze aus der Geschichte werden als Wortkarten in drei Holzsetzleisten gesteckt, beispielsweise „DER HASE", „HAT", „ANGST" oder „AN DIE TÜR" „KLOPFT" „DER BÄR", Die Wortkarten sind in Großbuchstaben geschrieben, um einen Umtausch von Subjekt und Objekt zu ermöglichen. Die SuS sollen nun jeweils zwei Sätze bilden. Durch das Tauschen von Subjekt und Objekt kann handlungsmäßig erfahren werden, dass das Verb auch bei zwei Varianten eines Satzes immer in der Mitte (an 2.Stelle) steht. In der Therapie kann die Stellung des „faulen Wortes" erneut reflektiert werden. Bei der Arbeit an Stationen erhalten die SuS die zusätzliche Aufgabe, die entstandenen Sätze aufzuschreiben. Nach einem ähnlichen Prinzip werden auch Schiebekarten genutzt (vgl. Berg 2011, S.121). *Siehe S.43f.*

Bingo-spiel (Therapie)	Verbzweit-stellung im Hauptsatz und Subjekt-Verb-Kontroll-Regel	Die Fördersequenz wurde mehrfach in der wöchentlichen Therapiestunde mit 5 Schülern durchgeführt. Jeder, inklusive der LA (sie dient als Sprachvorbild), bekommt ein Bingo-Spielfeld. Ziel des Spieles ist es, maximal 3 Bingoreihen zu füllen. Für jede richtige Reihe („Bingo") erhält der Spieler einen Edelstein. Der durch Wortkarten entstehende Satz ist richtig, wenn die Verbzweitstellung beachtet sowie die Subjekt-Verb-Kongruenz hergestellt ist. Die Wortarten werden voneinander getrennt in drei Stapel verdeckt auf den Tisch gelegt (Ein Stapel mit den Subjekten, 1., 2. und 3.Person Singular, ein Stapel mit regelmäßigen, konjugierten Verben mit rot markierten Endungen bspw. „hole", „kaufst", „malt" und ein Stapel mit Nomen (Objekten) im Plural oder in unbestimmter Menge bspw. „Brot", „Hosen" oder „Blumen"). Das erste Kind zieht eine Karte. Es muss überlegen, wohin es die Karte legen kann; Subjekt und Objekt können sowohl an erster, als auch an dritter Stelle, jedoch nie an zweiter Stelle liegen. Das „faule Wort" hingegen kann nur an zweiter Stelle platziert werden. Es geht reihum weiter. Sobald ein Kind eine weitere Karte zieht werden erste Überlegungen wichtig (*ziehe ich eine zweite Karte der gleichen Wortart, muss diese in die nächste Reihe. Ziehe ich ein Verb muss ich schauen, ob es mit meinem Subjekt übereinstimmt oder umgekehrt.*). Die LA kann ggf. durch gezielte Fragen Hilfestellungen geben, bspw.: „Wo kommt das faule Wort immer hin?" oder „Das ICH, kann das in der Mitte liegen?" oder sie problematisiert: „Ich kaufst Brot – klingt das richtig? Schau mal, da steht ein „–st" am Ende. In wen war das –st nochmal verliebt? Ja richtig, in das Du!" Ein Bingo kann immer nur dann erzielt werden, wenn der Satz kongruent ist, beispielsweise „Du kaufst Brot" (Macht der Worte). *Siehe S.45*
Spiel „Wer macht was?" (Therapie und Frei-arbeits-phasen)	Subjekt-Verb-Kontroll-Regel	„Wer macht was" ist ein eigenentwickeltes Kartenspiel das zu zweit oder in einer Gruppe gespielt werden kann. Zu Beginn werden zwei Stapel auf den Tisch gelegt. Auf der Rückseite der Karten des ersten Stapels steht „Wer" und auf der Rückseite des zweiten Stapels steht „macht was?". Ein Spieler deckt eine Karte des ersten Stapels auf. Hierauf ist entweder ein „Ich" oder ein „Du" zu sehen und zu lesen. Dann deckt er eine zweite Karte des zweiten Stapels auf und legt sie daneben. Hierauf ist ein Verb bildlich dargestellt und zu lesen (im Infinitiv). Der Spieler trägt nun vor (wobei er die Endung des Verbs verändern muss). Die Handlung wird anschließend von der jeweils angesprochenen Person pantomimisch dargestellt: „Ich lache"(der Spieler macht es selbst vor) oder „Du lachst"(der Spieler zeigt auf einen Mitspieler, der die Aufforderung ausführt). *Siehe S.46*
Gobo lernt unsere	Verbzweit-stellung im Haupt-	Ein Bild von Gobo, einem Außerirdischen wird gezeigt. Die LA erklärt, dass Gobo von einem anderen Planeten kommt und unsere Sprache erst noch lernen muss. Er bittet die Kinder ihm

Sprache (Thera- pie)	satz und Subjekt- Verb- Kontroll- Regel	dabei zu helfen (die Kinder werden zu Experten). Mittels eines Aufnahmegerätes werden nach und nach Sätze von Gobo vorgespielt. Die Sätze sind unmelodisch, der Satzbau vorwiegend inkorrekt (Differenzierung, zum Teil muss nur die Subjekt-Verb-Kongruenz hergestellt werden) und das Verb ist im Infinitiv, bspw. „Ich Hosen waschen". Die Schüler sollen nun (mithilfe von Wortkarten – visuelle Unterstützung durch Schrift) die Wörter in die richtige Reihenfolge setzten (Verbzweitstellung) und das Verb beugen (Subjekt-Verb-Kongruenz herstellen). Wenn der Schüler die Verbkarte umdreht, hat er eine Kontrolle (Endungen rot hervorgehoben). Zum Schluss werden die korrekten Sätze für Gobo auf das Aufnahmegerät gesprochen (Macht der Worte). *Siehe S.47*

4.2 Exemplarische Fördersequenzen

Es wurden zwei Beispiele der durchgeführten kontextoptimierten Fördersequenzen zur differenzierten Auseinandersetzung ausgewählt. Zum einen handelt es sich um das sprachtherapeutische Ziel der Verbzweitstellung im Hauptsatz und zum anderen um das Therapieziel der Subjekt-Verb-Kontroll-Regel (Kick-off). Bei beiden Beispielen steht das sprachtherapeutische Ziel und nicht ein curriculares Lernziel im Vordergrund.

Es wird zunächst das Therapieziel benannt, dann didaktisch anhand der Prinzipien der Kontextoptimierung kommentiert und schließlich die Verlaufsplanung dargestellt.[18]

4.2.1 Mein Wagen hat vier Räder

1.Sprachtherapeutisches Ziel

Das Therapieziel der Fördersequenz ist die Verbzweitstellung im Hauptsatz.

2. Didaktische Überlegungen

Im Sinne der *Ursachenorientierung* wird das verminderte phonologische Arbeitsgedächtnis einiger Kinder dieser Lerngruppe berücksichtigt (vgl. Kapitel

---

[18] Es handelt sich hierbei um keine ausführlichen Unterrichtsentwürfe.

2.1), indem ein Lied ausgewählt wird, dessen Text und Melodie (Rhythmus) sehr einfach und damit leicht aufzunehmen und zu merken ist:

„Mein Wagen hat vier Räder,
vier Räder hat mein Wagen.
Rolle rolle rummerjan,
das wollt` ich euch bloß sagen."
(von Paula Dehmel (1919) aus Berg 2011, S.150)

Die ersten zwei Verse können den Anspruch der *kürzesten Zielstruktur* erfüllen, der dritte Vers ist fast inhaltsleer und der letzte ist eine umgangssprachliche Floskel. Hiermit ist ein Text gefunden worden, der sowohl auf der phonetisch-phonologischen (Ausnahme bildet ein Rhotazismus, welcher jedoch bei keinem Kind dieser Klasse besteht) als auch auf der semantisch-lexikalischen Sprachebene keine erhöhte Anstrengung erfordert und somit keine *sprachlichen Ablenker* enthält. Die SuS können ihre Aufmerksamkeit somit ganz dem grammatischen Gehalt des Sprachmaterials widmen. Des Weiteren wird das Sprachmaterial dem *Format des Kindes* angepasst, indem der besungene „Wagen" semantisch als „Auto" verstanden wird. Die folgenden Strophen entsprechen der Struktur der ersten Strophe. Hierbei werden jedoch neue Begriffe gewählt, da die Orginalstrophen teilweise phonologische und semantische Schwierigkeiten (*Verwirrer*) beinhalten, beispielsweise das Wort „Deichsel". Ausgetauscht wird das Satzglied „vier Räder" somit in der zweiten Strophe mit „`ne Hupe" (Verkürzung des unbestimmten Artikels aufgrund der Anpassung an den Rhythmus) und in der dritten Strophe mit „`ne Bremse" (vgl. Berg 2011, S.150f.). Die Wort- und Bildkarten werden mit Großantiqua-Buchstaben geschrieben um einen Tausch der Satzglieder zu ermöglichen. Für Akan sind die Wörter damit auch einfacher zu erlesen. Die Zielstruktur wird im kontrastiven Vergleich angeboten: Subjekt-Verb-Objekt- und im zweiten Vers Objekt-Verb-Subjekt-Struktur (Objekttopikalisierung).

Ressourcenorientiert werden *wahrnehmbare Strukturen* geschaffen, indem visuelle Unterstützungshilfen (Bilder, farbliche Markierung des Verbs) eingesetzt werden. *Schrift* wird ebenfalls als Hilfe angeboten. *Gespräche* über die Zielstruktur entstehen am Anfang und Ende der Fördersequenz (beispielsweise Problematisierungen zu Beginn: „Vier Räder mein Wagen hat. Kann man das so sagen?") Die SuS lernen handlungsorientiert, indem sie die Karten der Satzglieder an der Tafel tauschen bzw. das Verb „verzaubern" (es erhält einen roten Rahmen) und indem sie die Zielstruktur lebendig nachspielen (Kinder, die Subjekt- und Objektkarten erhalten, wechseln die Plätze, das Kind mit der Verbkarte bleibt stets stehen).

Durch das Singen eines Liedes ist ein *zwingender Kontext* geschaffen, der keine anderen Strukturen zulässt (der Text wird so gesungen, wie dieser zur Melodie passt, bzw. wie er vorgegeben ist). Zu Beginn der Fördersequenz stehen die *Reflexion* („Was fällt euch an diesem Satz auf?", „Wo ist das faule Wort?") und die *Rezeption* (LA singt Strophe vor, SuS steigen langsam mit ein) im Vordergrund. Hiernach soll die *Produktion* und Schüleraktivität erhöht werden (SuS nehmen handlungsaktiv Satzglieder als Rollen ein). Am Ende steht eine weitere kurze metasprachliche Reflexionsphase (vgl. ebd., S.150f.).

3. Verlaufsplanung und methodische Überlegungen

Die Sequenz beginnt mit einem stummen Impuls. Die LA öffnet die Tafel, an der hintereinander drei große Wortkarten mit Bildern hängen: „VIER RÄDER", „MEIN WAGEN" und „HAT". Falls die SuS nicht auf den fehlerhaften Satzbau reagieren fragt die LA, was hier „komisch" sei und problematisiert, indem sie den Satz unbetont vorliest. Die SuS stellen fest, dass der Satzbau inkorrekt ist und bringen ihn in die richtige Reihenfolge. Die LA fragt, wie der Satz noch verändert werden könnte. Die SuS tauschen Subjekt und Objekt, sodass eine Objekttopikalisierung entsteht. Die LA fragt, welches hier das „faule Wort" ist (der Begriff ist den SuS bereits durch den Kick-off bekannt). Die SuS identifizieren „hat" als das faule Wort. Ein Kind darf nach vorne kommen und das „hat" verzaubern: Es dreht das Verb um, sodass es einen roten Rahmen (Markierung für das Verb) erhält. Die LA verrät den SuS, dass der Satz, der nun an der Tafel steht, ein Satz aus einem Lied ist. Sie singt ihnen die erste Strophe vor.

Zwei „schnelle" Kinder werden nun ausgewählt, sie bekommen die bebilderten Karten „Mein Wagen" und „vier Räder" in die Hand und stellen sich mit den Karten in Richtung der Klasse nebeneinander. Ein „faules Kind" wird bestimmt, es erhält das „faule Wort" und stellt oder setzt sich in die Mitte der „schnellen" Kinder. Nun wird das Lied einmal geübt, indem die Verse langsam gesprochen werden. Die

„schnellen Kinder" erhalten hierbei die Aufgabe, vor dem zweiten Vers schnell zu wechseln, sodass eine Objekttopikalisierung entsteht. Das Kind in der Mitte bleibt stehen bzw. sitzen, es erfährt, dass sich das „faule Wort" nicht bewegt. Die anderen Kinder singen das Lied, indem sie dem durch die Kinder gezeigten Text folgen. Anschließend werden die Rollen getauscht, sodass jedes Kind mindestens einmal an der Reihe ist. Am Ende der Sequenz wird über die Erfahrungen und Beobachtungen der Kinder gesprochen, beispielsweise: „Wer hat sich die ganze Zeit über nicht bewegt?". Die Fördersequenz ist stark sprachbewusst gestaltet, da sie am Anfang der Fördereinheit zur Verbzweitstellung steht. Offenere Formen der Unterrichtsgestaltung können erst dann folgen, wenn die SuS bereits mehr Sicherheit im Gebrauch der Verbzweitstellung erlangt haben (vgl. Kapitel 3.2).

4.2.2 Das verliebte „–st" (Kick-off) Siehe S.40

1.Sprachtherapeutisches Ziel

Entdecken der Subjekt-Verb-Kongruenz. Die SuS sollen im Kick-off erfahren, dass das Subjekt das Verb kontrolliert. Der Kick-off bildet die Grundlage zum Erwerb der Subjekt-Verb-Kontroll-Regel.

2. Didaktische Überlegungen

Aufgrund der eingeschränkten auditiven Wahrnehmung und Speicherung von sprachlichen Informationen einiger SuS der Lerngruppe (vgl. Kapitel 2.1) werden im Sinne der *Sensibilisierung auf Morphemmarkierungen* die Endungen der Verben akustisch (durch Betonung) hervorgehoben sowie durch das schulinterne phonembestimmte Handzeichensystem und die Hervorhebung des Schriftbildes (roter Rahmen) visuell unterstützt. Die *Sprechweise* der LA wird insofern verändert, dass die Geschichte vom verliebten „–st" in einem langsamen Tempo vorgetragen wird, sodass die auditive Verarbeitung erleichtert wird. Sowohl das Subjekt „Du" als auch die Endung „-st" werden durch deutliche Betonungen hervorgehoben. Die Geschichte vom verliebten „-st" wird handlungsbegleitend mit den Figuren (visuelle Unterstützung durch Bilder und Schrift) nachgespielt. Eine direkte Wiederholung der Geschichte soll die Verarbeitungswahrscheinlichkeit und Merkfähigkeit erhöhen. Die *kürzeste Zielstruktur* wird insofern gewährleistet, dass der entstehende Satz jeweils nur aus dem Subjekt „Du" und einem Verb besteht, beispielsweise „Du sagst". *Sprachliche Ablenker* werden umgangen, indem keine weiteren Satzglieder gebildet werden. *Verwirrer* werden vermieden, indem einfache, regelmäßige Verben genutzt werden (holen, malen, sagen). Hierbei wird die Wortkarte (Figur) „–st" immer über die Infinitivendung „–en" gelegt. Verben wie beispielsweise „ärgern" oder „tun" werden daher nicht ausgewählt. Ebenso sollte auf Verben verzichtet werden, bei denen aufgrund eines „z" vor der Morphemmarkierung das „s" wegfällt: „Du tanzt", „Du sitzt". Darüber hinaus wird auf den Einsatz von reflexiven Verben („Du freust dich") verzichtet (vgl. Motsch 2010, S.131). Die Subjekte und Verben sind in Großantiqua-Buchstaben geschrieben, da diese eindrucksvoller und insbesondere für Kinder mit geringen Lesekompetenzen (vgl. Kapitel 2.2) besser zu erlesen sind.

Im Sinne der *Ressourcenorientierung* wird insbesondere *Schrift* zur visuellen Fokussierung der Zielstruktur eingesetzt. Darüber hinaus werden *wahrnehmbare Strukturen* u.a. in Form von Bildern und dem schulinternen phonembestimmten Handsystem angeboten. Das *Gespräch* kann sowohl in der Einführungsphase („Du hast jetzt gelegt „Du sagenst". Hört sich das richtig an?") als auch am Ende beim Roboterspiel („Was meinst du, warum hat sich der Roboter nicht bewegt? Versuche es noch einmal!") zur metasprachlichen Reflexion genutzt werden. Das *Format des Kindes* wird berücksichtigt, indem der grammatische Inhalt in eine für Kinder interessante und lustige Geschichte eingebettet wird. Sie fühlen sich durch die Figuren und ihre Geschichte (Freundschaft, Enttäuschung, „Happy End") emotional angesprochen (vgl. Motsch 2010, S. 113f. und Berg 2011, S.95ff.).

Die Modalitäten sind in dieser Fördersequenz stark sprachbewusst. Die metasprachliche *Reflexion* steht im Vordergrund. Dennoch werden alle Modalitäten beachtet. Zu Beginn ist die Förderung eher *rezeptiv*, anschließend werden die SuS stärker *produktiv* gefordert. Das Abschlussspiel schafft einen *zwingenden Kontext*, indem der Roboter sich nur bei der Anwendung der Subjekt-Verb-Kontroll-Regel bewegt. Hierbei können die Kinder die *Macht ihrer Worte* erleben (vgl. Motsch 2010, S.32).

3. Verlaufsplanung und methodische Überlegungen

Die SuS kommen in einem Gesprächskreis zusammen. Die LA erzählt handlungsbegleitend mit den Figuren die Geschichte vom verliebten „–st":

„Es war einmal ein DU. Das DU war wunderschön und schlau. Dann gab es auch noch ein „–st". Schaut mal, wie das „–st" lächelt! Das „–st" ist nämlich verliebt. Wisst ihr, in wen? Ja genau, in das schöne DU. Deshalb wollte das „–st" immer in der Nähe vom DU sein. Eines Tages nahm das „–st" all seinen Mut zusammen und fragte das DU: „Willst du meine Freundin sein?" Aber das schöne DU antwortete: „Wir können nicht zusammen sein, du bist ja gar kein richtiges Wort, du bist ja nur ein „–st"!" Da war das „–st" sehr traurig...Doch plötzlich hatte es eine Idee: Ich habe doch einen guten Freund, das faule Wort, der kennt das DU schon! Der kann mir bestimmt helfen, näher an das DU heranzukommen. Und so war es auch: Sein Freund, das faule Wort, nahm das Du an die Hand. Und dann durfte das „–st" ganz nah an seinen Freund heranrücken. Mit ihm zusammen war es ein richtiges Wort...und es stand ganz nah beim DU! Das DU sah, dass das „–st" mit dem faulen Wort zusammen nun ein ganzes Wort war und sagte: „So können wir zusammen bleiben und für immer Freunde sein!" (Abgewandelt aus Motsch 2010, S.128 und Berg 2011, S.96)

Anschließend wird die Geschichte erneut handlungsbegleitend vorgetragen. Der Satz der hierbei entsteht (zum Beispiel „Du holst") wird von einem Kind vorgelesen. Nach dieser Einführung dürfen die Kinder die Geschichte nachspielen, indem sie selbst das Verb verändern (das „–st" an das faule Wort heranrücken). Sollte ein Kind das „–st" neben das Du legen wird mithilfe der DU-Figur interveniert: „Hier kannst du nicht stehen. Du bist doch gar kein richtiges Wort, du bist doch nur ein „–st"!". Das Verb wird ein- bis zweimal ausgetauscht, sodass neue Sätze entstehen. Der entstandene Satz wird jeweils von einem Kind vorgelesen. Fragen wie beispielsweise „Über welche Buchstaben legt sich das „–st" immer?" werden besprochen. Die starke Lehrerzentrierung ist in dieser Phase des Kick-offs sinnvoll, um den Input zu Beginn gehäuft korrekt anbieten bzw. bei Schwierigkeiten intervenieren zu können.

Anschließend sollen die SuS in der Arbeitsphase (Einzelarbeit) auf einem Arbeitsblatt dem „–st" helfen, ganz nah beim Du zu sein. Das „–st" wird ausgeschnitten und über die Infinitiv-Verbendung (alle Verben enden auf „–en") geklebt. Kinder, die noch Schwierigkeiten haben, können auch noch vorne im Kreis sitzen bleiben und an der Magnettafel üben (ggf. kann die LA Hilfestellung anbieten). SuS die bereits die Subjekt-Verb-Kontroll-Regel beherrschen, bekommen ein schwierigeres Arbeitsblatt, auf dem sie zusätzlich noch ein Objekt zuordnen müssen (vgl. Berg 2011, S.95ff.). Zum Abschluss wird das Roboterspiel gespielt, bei dem die SuS die neu entdeckte grammatische Regel erproben können. Zuerst nimmt die LA die Rolle des Roboters ein. Die Kinder dürfen nun nacheinander Befehle geben, die immer mit dem Pronomen „Du" formuliert werden müssen. Beispielsweise „Du springst". Der Roboter führt die Befehle allerdings nur aus, wenn die Subjekt-Verb-Kongruenz hergestellt ist. Sollte ein Kind „Du springen" sagen, bewegt sich der Roboter nicht. Anschließend kann ein Kind den Roboter spielen, dass die Subjekt-Verb-Kontroll-Regel bereits sicher beherrscht (vgl. Motsch 2010, S.132).

4.3 Reflexion

Die kritische Auseinandersetzung ob bzw. wie sprachtherapeutischer Unterricht - hier insbesondere im Hinblick auf grammatische Förderung - gestaltet werden kann, ist eine Fragestellung, die bereits seit vielen Jahren in der Sprachheilpädagogik diskutiert wird. Als starke Argumente gegen einen therapieintegrierenden Unterricht stehen beispielsweise die *Komplexität des Unterrichts* (u.a. Vorgaben des Rahmenlehrplans, unvorhersehbare Faktoren des Schulalltags) und das *heterogene Entwicklungsprofil der Klasse* (vgl. Berg 2011, S63). Berg bestätigt, „[...] therapieintegrierender Unterricht [ist] zweifellos tatsächlich ein ausgesprochen komplexes Geschehen und stellt hohe (und reizvolle!) Anforderungen an den Lehrer, der pädagogische, fachdidaktische und therapeutische Aspekte berücksichtigen soll und will." (Berg 2011, S.63). Sie bekräftigt, dass mit dem Konzept der Kontextoptimierung jedoch therapieintegrierender Unterricht erfolgreich möglich sei (vgl. ebd. 64f.).

Zuerst soll hier darauf hingewiesen werden, dass die Einarbeitung, Planung und Durchführung von Unterricht nach dem didaktischen Konzept „Kontextoptimierung" für mich eine große Herausforderung darstellte und sich sehr aufwendig gestaltete. Die von Lehrerinnen und Lehrern bescheinigte „Alltagstauglichkeit" (vgl. ebd., S.66) möchte ich hier zumindest bezweifeln. Die Anwendung der Therapiedidaktik erfordert einen sehr differenzierten Blick auf Unterrichtsinhalte, -materialien und –situationen. Diese „kontextoptimiert" zu gestalten stellte sich als umfangreiche Aufgabe heraus (u.a. Vorstrukturierung des sprachlichen Inputs, Untersuchung hinsichtlich sprachlicher Ablenker, Recherche und Bearbeitung von Sprachmaterial, Herstellung von Arbeitsblättern und -materialien). Ebenso empfand ich die Durchführung und Auswertung der ESGRAF-R entgegen Motschs Aussage zur Zeitökonomie des Tests als aufwendig und zeitintensiv (vgl. Motsch 2010, S.80).

Aufgrund der bereits erwähnten komplexen Anforderungen bei der Anwendung des didaktischen Konzepts habe ich mich daher bei der Planung der Fördersequenzen stark an den Praxisbeispielen von Berg u.a. „Mein Wagen hat vier Räder" und „Es klopft bei Wanja in der Nacht" (vgl. Berg 2011, S.150ff. und S.117ff.) und Motsch orientiert. Erst nach und nach gelang es mir, eigene kontextoptimierte Spiel- und Handlungskontexte zu schaffen. Unterricht bei dem das sprachtherapeutische Ziel im Vordergrund steht gestaltete sich oftmals einfacher als therapieintegrierender Unterricht, bei dem zusätzlich curriculare Lernziele berücksichtigt werden mussten. Daher kann ich auch den Einwand der Komplexität des Unterrichts nachvollziehen. Es ist mitunter schwierig, täglich Unterrichtssituationen zu finden, die für die kontextoptimierte Förderung geeignet sind, da die Kontextoptimierung eher von einer Unterordnung der curricularen Lernziele ausgeht (Wiederholungssituationen, Rituale, Unterrichtssituationen mit geringen inhaltlichen Anforderungen), damit die Kinder das zu erwerbende Sprachmaterial fokussieren können (vgl. ebd., S.56).

Die Fördersequenzen waren zum Teil sehr sprachbewusst und lehrerzentriert organisiert, um zu Beginn kontextoptimierter Förderung den korrekten Input möglichst hochfrequentiert anbieten zu können. Offenere Unterrichtsformen bieten sich erst dann an, wenn die SuS bereits Sicherheit im Regelerwerb aufweisen. Die Frontalphasen empfand ich hinsichtlich der heterogenen Lernausgangslagen der Klasse als Schwierigkeit. Eine Differenzierung für SuS, die bereits beide grammatische Regeln erworben haben, gestaltete sich auch insofern problematisch, da die Prinzipien der Kontextoptimierung u.a. die kürzeste Zielstruktur und die Vermeidung von situativen und sprachlichen Ablenkern erfordern. Somit konnte ich in stark lehrerzentrierten Phasen, die bisher aus den genannten Gründen vordergründig stattfanden, den Schwierigkeitsgrad des sprachlichen Inputs oder anderer Kontextfaktoren für die leistungsstärkeren SuS nicht erhöhen. Nur in freien Arbeitsphasen war es möglich, für sie Differenzierungsangebote zu schaffen. Eine weitere Problematik ergab sich auch aus der Größe der Lerngruppe. Sowohl die Beispiele von Motsch als auch ein Teil der Beispiele von Berg erscheinen mir stärker an Einzelsituationen bzw. Kleingruppen orientiert zu sein. Handlungs- und Spielkontexte beispielsweise, bei dem jede(r) einmal die Zielstruktur produzieren soll, setzt bei einer Lerngruppe von zwölf Kindern Konzentration, Geduld und Aufmerksamkeit voraus, die nicht alle in diesem Maße leisten können. In der Therapie hingegen, die mit fünf Schülern unterrichtet wird, ließen sich lehrerzentrierte kontextoptimierte Fördersequenzen gut umsetzen.

Eine weitere Beobachtung konnte ich hinsichtlich des Einsatzes von Schriftsprache machen. Zuerst sei angemerkt, dass sowohl Berg als auch Motsch in ihren Beispielen viel mit Schriftsprache arbeiten (auf eine Übertragung auf Kinder ohne oder mit wenig schriftsprachlichen Fähigkeiten wird nur sehr selten eingegangen). Hierbei fiel mir auf, dass SuS mit noch geringen schriftsprachlichen Fähigkeiten insbesondere hinsichtlich der Lesekompetenz (in meiner Lerngruppe trifft dies auf mehrere Kinder zu), Schrift zum Teil nur begrenzt als visuelle Unterstützung nutzen können. Beispielsweise setzte Abdullah in der Arbeitsphase des Kick-offs der Subjekt-Verb-Kontroll-Regel das ausgeschnittene „-st" auf seinem Arbeitsblatt vor das Verb, sodass „Du stmalen" entstand. Natürlich spielt hierbei der Inhalt der Geschichte (das „-st" will ganz nah beim Du sein) eine große Rolle, dennoch wäre dieser Fehler einem sicheren Leser wahrscheinlich nicht passiert.

Eine weitere Schwierigkeit ergibt sich aus der Vorgabe, 15-20 Minuten täglich Kontextoptimierung anzubieten. Diesem Anspruch konnte ich nicht gerecht werden, da ich einerseits nur drei Tage an der Schule bin und andererseits auch andere Lernziele verfolgen musste, bei denen sich kontextoptimierte Förderung nicht integrieren ließ. Auch hier kann wieder die Komplexität des Unterricht bzw. des Unterrichtalltages als blockierender Faktor genannt werden.

Neben den Schwierigkeiten konnten jedoch viele positive Effekte der kontextoptimierten Förderung grammatischer Fähigkeiten beobachtet werden. Die gewählten Formate wurden von den Kindern sehr gut angenommen. Die SuS waren zu einem großen Teil sehr motiviert und fühlten sich durch Kontexte wie u.a. das verliebte „–st", die Aktionen beim Lied „Mein Wagen hat vier Räder", Bingo, das Roboterspiel, „Wer macht was?" oder „Gobo lernt unsere Sprache" emotional angesprochen. Die Fokussierung auf die Endung „–st" führte zum Beispiel bei einem Schüler dazu, dass er mich begeistert auf alle Wörter aufmerksam machte, in denen ein „st" vorkam („Guck mal Frau Huballah, da ist ein „st"!").

Entgegen meiner Erwartung, dass die metasprachliche Reflexion den Kindern schwer fallen würde, gelang es den SuS gut, metasprachliche Kompetenzen zu nutzen und auszubauen. Sie konnten beispielsweise nach kurzer Zeit das „faule Wort" identifizieren und seine Funktion erläutern. Diese Fähigkeiten konnten dann auch bei Korrekturen im Alltag eingesetzt werden. Anstatt bei der Aussage eines Schülers „ich Toilette gehen" mit „du meinst, *ich gehe zur Toilette*" zu antworten, konnte ich nun dem Schüler mit der Frage „Wo muss das faule Wort immer hin?" eine selbständige Verbesserung des Satzes ermöglichen. Vorhandene metasprachliche Fähigkeiten zu nutzen und auszubauen und somit den Kindern durch sprachbewusste Elemente ein „Handwerkszeug" an die Hand zu geben, verhilft ihnen über ihre eigene Sprache nachzudenken und diese selbst zu verbessern. Es macht m.E. mehr Sinn, mit Kindern, die durch ihren bisherigen Sprachinput relevante Regeln nicht erkannt haben, auch sprachbewusst zu arbeiten als nur sprachunbewusst zu agieren (wie beispielsweise beim „pattern drill" oder mit Modellierungstechniken).

Ein für mich zentraler positiver Aspekt ist, dass der didaktische Ansatz „Kontextoptimierung" sehr gut strukturiert, stringent und handlungsleitend konzipiert ist. Die Ausführungen von Motsch und Berg, beispielsweise zu den Grundsätzen und Prinzipien der Kontextoptimierung, sind eindeutig und anschaulich und werden durch viele Beispiele aus der Praxis gestützt. Im Gegensatz zu anderen didaktischen Konzepten der Sprachheilpädagogik, beispielsweise der Relationalen Didaktik, sind die Prinzipien der Kontextoptimierung konkret und handlungsleitend, sie bieten einen roten Faden, an den sich die Lehrkraft bei der Planung sprachtherapeutischer Förderung halten kann. Zudem erwiesen sich die Prinzipien der Kontextoptimierung in der Planung und Durchführung als sinnvoll und effektiv, beispielsweise hätte ich ohne den Fokus auf die Ursachen von Spracherwerbsstörungen die bei vielen Kindern eingeschränkte auditive Wahrnehmung und Speicherung von Sprache nicht in diesem Maße berücksichtigt.

Inwieweit die kontextoptimierte Förderung bei den Kindern der Lerngruppe bereits Therapieerfolge zeigt, müsste durch eine weitere Überprüfung nachgewiesen werden. Beobachtungen zeigen jedoch, dass einige der betroffenen Kinder bereits regelmäßiger die Verbzweitstellung benutzen bzw. in Übungssituationen (schneller) Sätze bilden können. Auch die Subjekt-Verb-Kontroll-Regel kann bei vielen SuS mittlerweile sicherer angewendet werden.

5. Gesamtreflexion

Im folgenden Abschnitt werden die wesentlichen Aussagen der Arbeit zusammengefasst. Anschließend folgt eine Stellungnahme zur Anwendbarkeit des didaktischen Konzepts. Im Ausblick sollen weitere Schritte der kontextoptimierten Förderung im Unterricht skizziert werden.

5.1 Zusammenfassung und Fazit

Das therapie- und unterrichtsdidaktische Konzept „Kontextoptimierung" entstand Ende der 90er Jahre/ Anfang 2000 in Ermangelung eines angemessenen, praxisorientierten Konzepts zur Förderung grammatischer Fähigkeiten in Therapie und Unterricht. Ausgehend von den Erwerbsphasen nach Clahsen werden innerhalb des didaktischen Konzepts vier wesentliche Therapieziele verfolgt: Die Verbzweitstellung im Hauptsatz, die Subjekt-Verb-Kontroll-Regel, die Verbendstellung im Nebensatz sowie der Kasuserwerb in Akkusativ- und Dativkontexten. Kontextoptimierte Förderung beinhaltet stets zu Beginn der Einheit einen Kick-off (Startschuss), bei dem die grammatische Regel entdeckt werden soll. Die Planung und Durchführung der grammatischen Förderung erfolgen nach den Prinzipien der Kontextoptimierung (Kick-off, Ursachenorientierung, Ressourcenorientierung und Modalitätenwechsel) (vgl. Motsch 2010, S.13ff.). Kontextoptimierung im Unterricht erfordert zusätzlich die Beachtung einiger Grundsätze. Hierzu zählen u.a., dass vor jeder kontextoptimierten Förderung der individuelle Förderbedarf des Kindes ermittelt werden muss, dass eine absolute und alleinige Fokussierung des Therapieziels eingehalten wird und dass therapieintegrierender Unterricht in Phasen mit geringen inhaltlichen Anforderungen durchgeführt werden soll (vgl. Berg 2011, S.53ff.).

In meiner Lerngruppe wurden die Therapieziele Verbzweitstellung im Hauptsatz und die Subjekt-Verb-Kontroll-Regel aus den diagnostischen Überprüfungen und Beobachtungen konkludiert. Diese Therapieziele standen in den letzten Wochen im Deutsch- und Sportunterricht sowie in der wöchentlichen Kleingruppentherapie im Mittelpunkt. Die tabellarische Übersicht sowie die exemplarischen Fördersequenzen zeigen auf, wie grammatische Förderung im Unterricht nach den Prinzipien der Kontextoptimierung geplant und umgesetzt wurde. Schwierigkeiten bei der Anwendung des didaktischen Konzepts entstanden u.a. im Umgang mit der großen, leistungsheterogenen Lerngruppe, in der Umsetzung des Anspruches einer regelmäßigen (täglichen) Förderung sowie in der Integration kontextoptimierter Phasen in den Unterricht (Unterrichtssituationen zu finden, bei denen inhaltliche und sprachliche Anforderungen gering sind). Zudem wurde der hohe Aufwand der Vorbereitung kritisiert. Positiv hervorzuheben ist die Orientierung kontextoptimierter Fördersequenzen am Format des Kindes, aus der eine hohe Motivation und emotionale Einbindung resultierte. Des Weiteren konnten positive Effekte bei der Nutzung metasprachlicher Fähigkeiten (sprachbewusster Umgang mit der Zielstruktur) aufgezeigt werden. Ein wesentlicher Vorteil des Konzepts sind die konkreten und handlungsleitenden Prinzipien der Kontextoptimierung, die eine strukturierte Vorgehensweise bei der Planung ermöglichen. Therapieerfolge der Kontextoptimierung im Unterricht konnten beobachtet werden, eine Überprüfung steht noch aus.

In der vorliegenden Arbeit wurde gezeigt, dass das Konzept „Kontextoptimierung" erfolgreich in einer zweiten Klasse eines sonderpädagogischen Förderzentrums mit dem Förderschwerpunkt „Sprache" im Unterricht eingesetzt werden kann. Die regelmäßige Umsetzung des therapieintegrierenden Unterrichts, in dem zusätzlich curriculare Lernziele verfolgt werden, sehe ich jedoch weiterhin kritisch, da hierfür täglich Unterrichtssituationen gefunden werden müssen, in denen nicht zu hohe inhaltliche bzw. andere sprachliche (beispielsweise semantisch-lexikalische)

Anforderungen bestehen. Daher plädiere ich dafür, neben den therapieintegrierenden Unterrichtsphasen zusätzlich Settings zu schaffen, in denen das Therapieziel unabhängig von curricularen Lernzielen verfolgt werden kann. Um die oben genannten Schwierigkeiten zu minimieren, könnte die Installation von kleineren lernhomogenen Fördergruppen (die SuS der Lerngruppe befinden sich in derselben grammatischen Entwicklungsphase) genutzt werden, wobei die Förderung dann vordergründig ein sprachtherapeutisches Ziel verfolgt. An meiner Ausbildungsschule existiert bereits das Format „Förderband". Dieses findet an drei aufeinander folgenden Tagen 25 Minuten in einer kleinen Gruppe statt, die bezogen auf ein sprachtherapeutisches Therapie- oder Lernziel zusammengesetzt wurde. Dieses Format böte ein gutes Setting für kontextoptimierte Förderung, da es Kontinuität und Regelmäßigkeit, die Fokussierung auf ein Therapieziel (das für alle SuS relevant ist) und intensivere individuelle Förderung gewährleisten würde.

5.2 Ausblick

In meiner Lerngruppe werde ich weiterhin die Therapieziele Verbzweitstellung (verstärkt nur noch für die betroffenen Schüler) und die Subjekt-Verb-Kontrollregel verfolgen. Eine erneute Überprüfung des Erwerbsstandes soll in den nächsten Wochen folgen. Sollte ich die Therapieziele erfolgreich abschließen können, würde ich auch zur nächsten Stufe, der Verbendstellung im Nebensatz übergehen. Hierbei hoffe ich, dass sich der Arbeitsaufwand aufgrund der intensiven Auseinandersetzung mit dem Konzept sowie den gewonnenen Erfahrungen verringert. Des Weiteren wäre, wie bereits im vorherigen Kapitel vorgeschlagen, die Planung einer Förderbandgruppe ein längerfristiges Ziel.

Um kontextoptimierte Förderung im Unterricht verstärkt zu etablieren, sollten neben Fortbildungsangeboten auch der Austausch zwischen Lehrkräften gefördert werden. Ein größerer Pool an konkreten Unterrichtssituationen und -materialien würde mehr Sprachheillehrer und -lehrerinnen motivieren, das vielversprechende didaktische Konzept „Kontextoptimierung" im Unterricht anzuwenden.

6. Quellenangaben

6.1 Literaturangaben[19]

Berg, Margit: Kontextoptimierung im Unterricht. Praxisbausteine für die Förderung grammatischer Fähigkeiten. 2. Auflage. München, 2011.

Motsch, Hans-Joachim: Kontextoptimierung. Evidenzbasierte Intervention bei grammatischen Störungen in Therapie und Unterricht. 3.Auflage. München, 2010.

Motsch, Hans-Joachim: ESGRAF-R. Modularisierte Diagnostik grammatischer Störungen - Testmanual. München, 2009.

Reber, Karin; Schönauer-Schneider, Wilma: Bausteine sprachheilpädagogischen Unterrichts. 2. Auflage. München, 2011.

6.2 Zeitschriftenartikel

Seiffert, Heiko: Wie therapeutisch ist der sprachtherapeutische Unterricht? – Dimensionen sprachbezogener Interventionen im Unterricht bei Schülern mit dem Förderbedarf Sprache. In: Die Sprachheilarbeit.2008. Jg.53 (3). S. 147-153.

---

[19] In der vorliegenden Arbeit wurde hauptsächlich die Primärliteratur von Motsch 2010 und Berg 2011 verwendet, da sich auch vorhandene Zeitschriftenartikel oder andere Veröffentlichungen auf diese Quellen beziehen.

7. Anhang

Das Einkaufsspiel – Kick-off das „faule Wort"

Lernen an Stationen

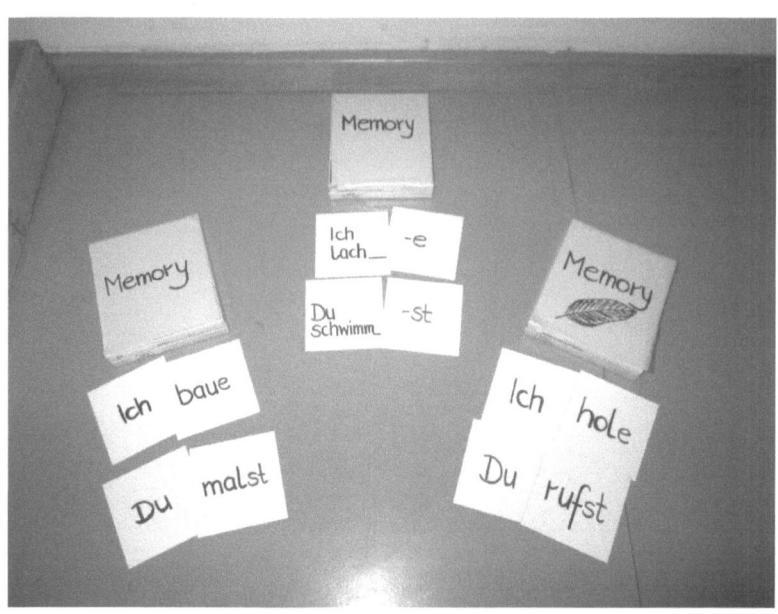

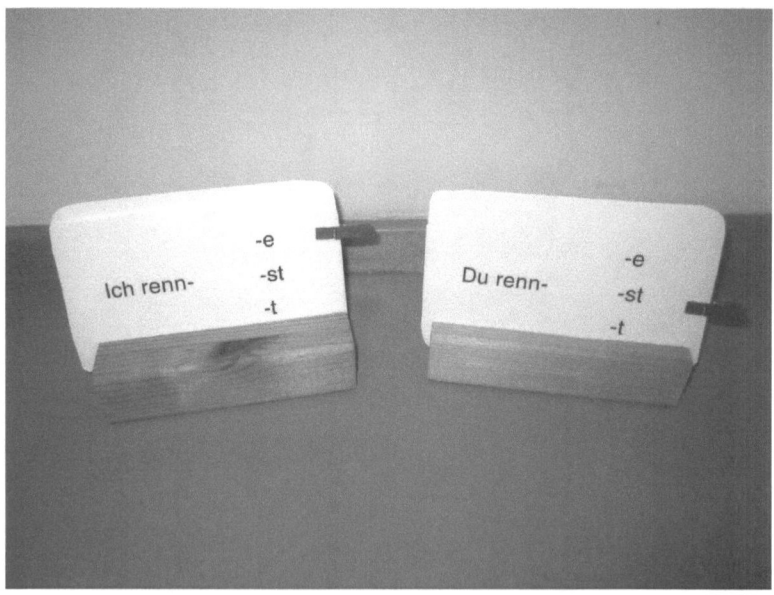

Sätze bauen - Es klopft bei Wanja in der Nacht

Schiebekarten

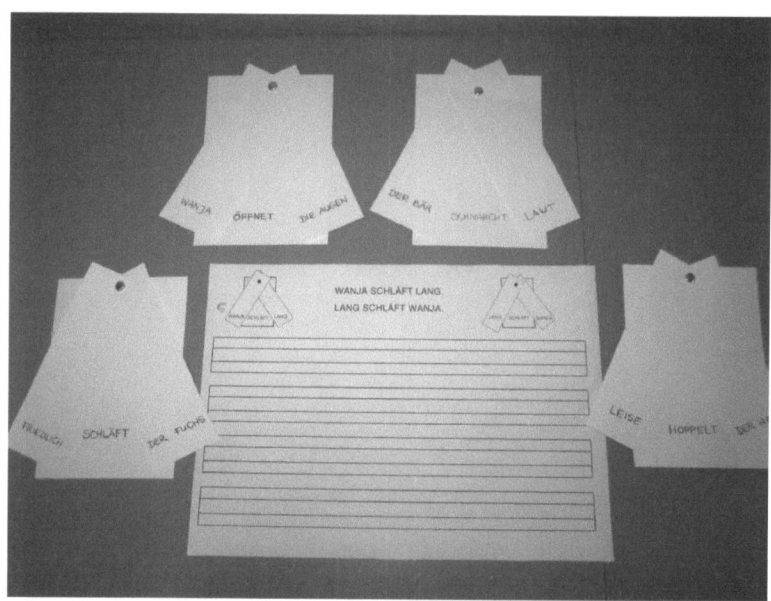

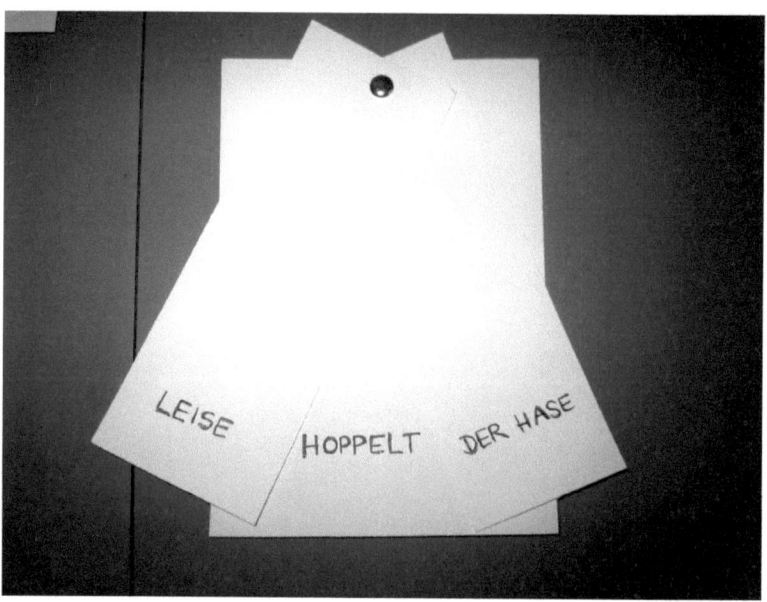

Bingo

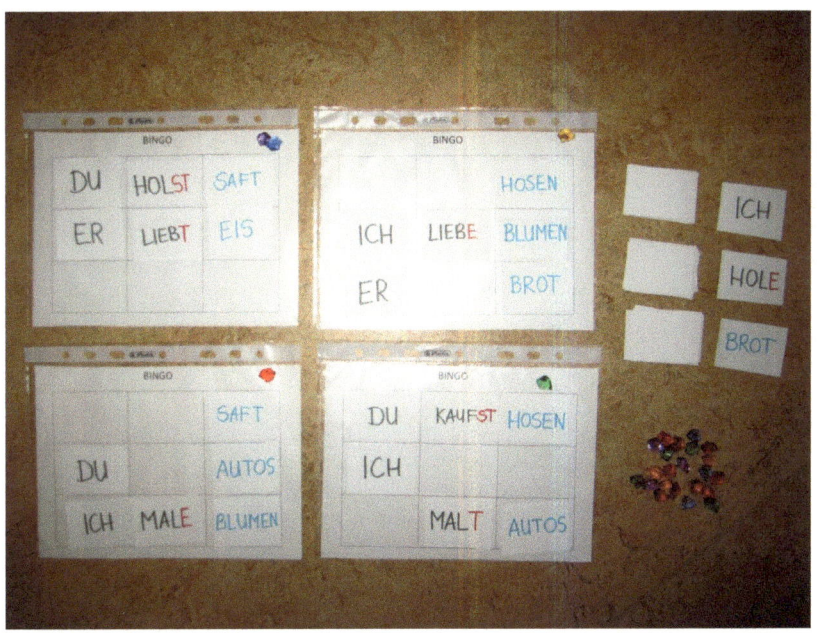

Wer macht was?

Gobo lernt unsere Sprache